超図解で全部わかる

インテリアデザイン入門

新装改訂版

Aiprah 著 ｜ 河村容治 監修

はじめに

　本書は、インテリアデザイナーを目指して勉強をしている学生の方や設計・デザイン事務所やインテリア関連会社に勤めて間もない新人の方などに向け、インテリア業界の全体像や仕事に必要な専門知識、表現スキル、デザイン業務の進め方など「仕事をするための押さえどころ」を体系的にまとめ、解説した本です。最初に出版されてから10年の月日が経ち、このたび新装改訂版として出版されるに至りました。

　その間、学校の授業や企業研修のテキストとして採用していただくことも増え、また海外向けに翻訳出版もされました。日本国内に留まらず、海外も含む多くのインテリアデザイナーを目指す方々に手に取っていただき、大変嬉しく、心より感謝しております。

　インテリアに関わる基礎として必要な知識や技術は大きくは変わりませんが、環境問題やインテリアスタイルなど、現代において必要と思われる内容をこの度、加筆修正しました。

　私自身、長年インテリアに関わる仕事をしておりますが、時代と共に学ぶことはたくさんあり、本書に書ききれないことも多くあります。本書の内容は「スタート」に過ぎないものですが、インテリアデザインに関わる仕事を目指す全ての方々に対し、業界の全体像が掴める本として、さらに先に進むための「道しるべ」として、お役立ていただければ幸いです。

　さらに今回は、部分的ではありますが、本書では書ききれなかった内容を補足する解説動画を特典としました。ぜひ、合わせてご視聴ください。

　今回の改訂にあたり、監修の河村容治先生をはじめ、快く資料提供やアドバイスをくださったデザイナーの先輩方や企業の皆様、執筆を支えてくださった担当者や編集の皆様に心より感謝申し上げます。

2025年1月
Aiprah　藁谷 美紀

目次

はじめに	002
特典動画の視聴方法	007
索引	189

Chapter 1　インテリアデザインの仕事

1-1　インテリアデザインの「対象」　010

1-1-1	「空間デザイン」と「プロダクトデザイン」	010
1-1-2	「住空間」と「商業空間」のデザイン	012
1-1-3	商業空間のデザイン要素	013
1-1-4	商業のさまざまな業種と業態	014

1-2　インテリアにかかわる業種・職種　020

1-2-1	インテリアにかかわる4つの業種	020
1-2-2	インテリアにかかわる職種	022
1-2-3	インテリアデザイナーの業務と必要な知識・資質	023
1-2-4	インテリアコーディネーターの業務と必要な知識・資質	023
1-2-5	インテリアスタイリストの業務と必要な知識・資質	024
1-2-6	インテリアにかかわる資格	025

1-3　インテリアデザインの具体的な業務　027

1-3-1	インテリアデザインの業務の要素と流れ	027
1-3-2	インテリアデザインに必要なスキル	030

COLUMN	照明デザイナーの業務と必要な知識	024
	インテリアデザイナーとして意識することとは	031
	実例 ● 商業施設インテリアデザインのプレゼンテーション資料	032

Chapter 2　インテリアデザインに必要な知識

2-1　インテリアを構成する要素　038

2-1-1	インテリアエレメントとは	038
2-1-2	家具—椅子	039
2-1-3	家具—テーブル	040
2-1-4	家具—収納	041
2-1-5	家具—ベッド	042
2-1-6	インテリアアクセサリー	045
2-1-7	店舗の什器	047
2-1-8	住宅設備	048
2-1-9	照明器具	049

2-1-10	ウインドートリートメント	051

2-2 インテリアの色彩計画 053

2-2-1	カラースキーム	053
2-2-2	色、素材、形の関係	054
2-2-3	イメージ・スタイル	055
2-2-4	インテリアの歴史と様式	060
2-2-5	色が見えるしくみ	063
2-2-6	彩色の基本原理	064
2-2-7	色の表現方法	065
2-2-8	配色と「感情効果」	067

2-3 インテリアの照明計画 069

2-3-1	全般照明と局部（補助）照明	069
2-3-2	直接照明と間接照明	071
2-3-3	照明の組み合わせによる効果	072
2-3-4	光源の種類	073
2-3-5	色温度と配光、演色性	075

2-4 寸法とモジュール 077

2-4-1	人体寸法	077
2-4-2	動作寸法と動作空間	078
2-4-3	生活空間と商業空間の動作空間	080
2-4-4	動作と行動の心理的要因	082
2-4-5	さまざまな物の寸法	084
2-4-6	モジュール	087
2-4-7	家具の大きさ	088
2-4-8	空間の大きさ	091
2-4-9	ユニバーサルデザインの寸法	094

2-5 インテリアの構造と仕上げ 096

2-5-1	躯体の構造	096
2-5-2	床の下地	098
2-5-3	壁の下地	099
2-5-4	天井の下地	101
2-5-5	建具の種類① 住宅などのドア	103
2-5-6	建具の種類② 住宅などの窓	105
2-5-7	建具の種類③ 商業施設などのドア	106
2-5-8	床の仕上げ① フローリング	108
2-5-9	床の仕上げ② カーペット	110
2-5-10	床の仕上げ③ 樹脂材床	112
2-5-11	壁の仕上げ	114
2-5-12	天井の仕上げ	115

2-6 インテリアの材料 116

2-6-1	木材	116
2-6-2	木材の構造と性質	118

2-6-3	加工木材とその種類	120
2-6-4	金属	122
2-6-5	プラスチック	124
2-6-6	ガラス	126
2-6-7	タイル	128
2-6-8	石材	130
2-6-9	塗装	134

2-7 インテリアデザインに関する法規 136

2-7-1	建築基準法	136
2-7-2	消防法	138
2-7-3	消費者関連法規	140
2-7-4	インテリアデザインと環境問題	141

COLUMN	家具金物の種類	043
	そのほかの西洋のインテリア様式	062
	インテリアデザインでは必携の「色見本帳」	066
	商品陳列棚の「ゴールデンスペース」	086
	内装の化粧材「モールディング」	115
	石材の表面仕上げ	133
	その他の法規	140

Chapter 3　インテリアデザインに必要な表現技術

3-1 インテリアデザインの図面 144

3-1-1	インテリアデザインの図面と種類	144
3-1-2	インテリアデザインの製図ルール	148
参考資料	インテリア製図通則	158

3-2 インテリアデザインのパース 162

3-2-1	パースとは何か	162
3-2-2	パースの種類	164
3-2-3	パースの構図と添景表現	166

3-3 プレゼンボード 168

| 3-3-1 | プレゼンボードの目的と種類 | 168 |
| 3-3-2 | プレゼンボード制作の基本 | 170 |

3-4 デジタルツール 172

| 3-4-1 | インテリアデザインで用いられるデジタルツール | 172 |

| COLUMN | 色や影を付けた「ショードローイング」 | 147 |

Chapter 4　インテリアデザインを体験してみよう

4-1	**シミュレーションを始める前に**	**176**
4-1-1	シミュレーションの内容と流れ	176
4-1-2	シミュレーションの課題	177
4-2	**ヒアリングとコンセプトメイキング**	**179**
4-2-1	ヒアリングで要望や条件をより明確にする	179
4-2-2	コンセプトメイキングでデザインの方向性を具体化する	181
4-3	**プランニング**	**182**
4-3-1	ゾーニングを考える	182
4-3-2	フロアプランを考える	183
4-3-3	ライティングプランを考える	185
4-3-4	パースを作成する	186
4-4	**プレゼンテーション**	**187**
4-4-1	プレゼンテーション資料を作る	187
COLUMN	実際の業務でのヒアリングや調査の基本項目	180

■参考文献（順不同）
『インテリアコーディネーターハンドブック 統合版』（上・下巻）（インテリア産業協会著、インテリア産業協会刊）
『商店建築・店づくり 法規マニュアル』（商業建築法規研究会編、商店建築社刊）
『商業建築企画設計資料集成　第2巻 設計基礎編』（日本店舗設計家監修、商店建築社刊）
『原色 石材大辞典』（全国建築石材工業会監修、誠文堂新光社刊）
『初めて学ぶ 福祉住環境（第三版）』（長澤 泰監修、市ヶ谷出版社刊）

■協力（順不同）
株式会社ノード／株式会社デコール／有限会社岡本好司設計室／コヤマケンタロウデザイン事務所／DNライティング株式会社／有限会社グローブ／株式会社遠藤照明／株式会社アイジェット／スガツネ工業株式会社／名古屋セラミックス株式会社／関ヶ原石材株式会社／岩崎電気株式会社

■カバー・本文デザイン　坂内正景（BannaiDesignRoom）
■カバー・本文イラスト　板垣可奈子
■編集協力　高橋顕子
■印刷　TOPPANクロレ株式会社

特典動画の視聴方法

本書の内容をより深く理解してもらうために、全5本の解説動画を用意しました。
パソコンのWebブラウザーのアドレスバーに以下のURLを入力するか、
もしくはスマートフォンなどで以下のQRコードを読み取ることにより、
動画視聴用のYouTube専用ページを開くことができます。

※注意：YouTube動画の視聴方法や視聴の際に起きたトラブルなどについてのご質問は、著作権者ならび当社では一切受け付けておりません。個人の責任においてご視聴ください。

URL：https://www.youtube.com/playlist?list=PLgpWJFZChgj8BUmUG7XTG18MxkO95T913

QRコード：

『超図解で全部わかる インテリアデザイン入門』特典動画 YouTubeページ

「2-2-3 イメージ・スタイル」（P.55〜）の解説動画

1 インテリアデザイン入門「イメージスタイルⅠ」

01	イメージスタイル	（0：21〜）
02	ナチュラルスタイル	（3：14〜）
03	モダンスタイル	（4：35〜）
04	クラシックスタイル	（6：21〜）
	まとめ	（8：14〜）

2 インテリアデザイン入門「イメージスタイルⅡ」

01	和モダンスタイル	（0：17〜）
02	北欧スタイル	（2：48〜）
03	カントリースタイル	（6：59〜）
	まとめ	（9：05〜）

3 インテリアデザイン入門「イメージスタイルⅢ」

01	インダストリアルスタイル	（0：19〜）
02	ヴィンテージスタイル	（4：20〜）
03	アジアンスタイル	（7：42〜）
	まとめ	（9：08〜）

「2-4-1 人体寸法」（P.77〜）「2-4-2 動作寸法と動作空間」（P.78〜）
「2-4-3 生活空間と商業空間の動作空間」（P.80〜）の解説動画

4 インテリアデザイン入門「人間工学」

01	人体寸法	（0：19〜）
02	動作寸法	（3：36〜）
03	動作空間	（6：46〜）
	まとめ	（8：30〜）

「2-4-5 さまざまな物の寸法」（P.84〜）「2-4-7 家具の大きさ」（P.88〜）の解説動画

5 インテリアデザイン入門「家具の寸法」

01	物の寸法と収納の寸法	（0：19〜）
02	家具の寸法	（5：12〜）

Chapter 1

インテリアデザインの仕事

インテリアデザインの仕事は、インテリアの使用目的や業務のかかわり方により、デザインする内容や範囲が異なります。また、インテリア業界を構成する業種が多岐にわたるため、わかりにくい部分があります。まずはデザインの対象について理解し、次に、インテリア業全体の構成や仕事の内容と進め方を把握しましょう。さらに、インテリアデザイナーに必要なスキルや関連資格についても知っておきましょう。

Chapter 1

1 インテリアデザインの「対象」

インテリアは人々の暮らしに密着しています。そのため、インテリアデザインでは人々が快適さや満足感を得られるように、また、美しさや機能性をふまえてデザインすることが最も重要です。インテリアデザインの第一歩として、インテリアデザインの対象がどのような「目的」を持ち、どのように「利用」されるのかを理解する必要があります。ここでは、インテリアデザインのさまざまな対象について理解を深めましょう。

1-1-1 「空間デザイン」と「プロダクトデザイン」

インテリアデザインの仕事は「空間デザイン」と「プロダクトデザイン」の2つに大別できます。

「空間デザイン」とは、建築物の室内空間の環境計画を指します。壁や床、天井が躯体のみ（スケルトン）の状態から、空間の構成や演出計画、内装造作や仕上げ、家具や什器のデザイン、レイアウトなどを手掛けます。

空間は使用目的によって「住空間」「商業空間」「オフィス空間」などに分けられ、それぞれを専門にデザインするデザイナーやデザイン会社もあります。

インテリアの「プロダクトデザイン」は、椅子やテーブルなどの家具をはじめ、照明器具やキッチンなどの住宅設備、食器や調理器具、コーヒーメーカーといった家電製品などのインテリア用品のデザインを手掛けます。

空間デザインとプロダクトデザイン

空間デザインは室内全体のデザインを手掛け、プロダクトデザインは家具や照明などのインテリア用品のデザインを手掛ける

空間デザインの使用目的による分類

● **住空間**

生活の拠点となる住空間は、住まい手のライフスタイルを生かした快適で心地よい空間デザインが求められる

● **商業空間**

商売によって利益を得る場である商空間では、デザインは商業活動を支援する重要な要素となる

● **オフィス空間**

働く場であるオフィス空間は、業務の形態に合わせ作業のしやすさや業務効率を配慮した快適な空間が求められる

1-1-2 「住空間」と「商業空間」のデザイン

同じ「空間」でも、「住空間」と「商業空間」では目的や条件が異なります。たとえば、生活を営む場である「住空間」は利用者が住む人に限定されますが、ビジネスを主体とし、商品やサービスが取り扱われる場である「商業空間」では、不特定多数の人が利用します。

このような空間の違いにより、同じ「空間デザイン」でも、「住空間」のデザインと「商業空間」のデザインでは、デザインの考え方からデザインの要素、デザインにかかわる法規制などに違いがあります。また、専門の設計者や施工者がいる場合がほとんどです。

「住空間」と「商業空間」との違い

住空間	商業空間

住空間	区分	商業空間
人が主役 生活する人が安全で暮らしやすい機能が基本	対象	**商品・サービスが主役** 商品を売るため、売れるための機能が基本
特定の人 この空間で暮らす家族のみが対象		**不特定多数の人** 年齢、性別を問わず、すべての人が対象
日常性 日常的に使用される空間	役割	**非日常性** 普段の生活とはかけ離れている空間
非生産性 寝食をするための空間		**生産性** 売買をするための空間
間取りが重要 ライフスタイルに合わせた部屋の種類と空間のつながりがポイント	建物との関係	**商品レイアウトが重要** 購買意欲を高める演出や見やすい、取りやすい陳列がポイント
建築とつながる 間取りが空間に影響し、建物の外観イメージと一緒が望ましい		**建築と区別** 建物の外観イメージとは関連がなくても店舗入口が確立できれば存在できる
戸建、マンション	規模・用途	複合施設、百貨店、専門店
一般住宅、福祉施設		飲食店、物販店、サービス

1-1-3 商業空間のデザイン要素

商業空間では、「ファサードデザイン」「ビジュアルマーチャンダイジング（VMD）」「サイン」など住空間にはないデザインの要素があります。

ファサードデザインは店舗の入口周囲のデザインで、「店舗の顔」になる部分です。

ビジュアルマーチャンダイジングは、商品の特徴を視覚的に演出する販売計画です。

サインとは看板や案内表示などを指します。どこにどのような商品があるかをわかりやすく表示するとともに、それ自体が空間デザインの一部になります。こうしたサインそのもののデザインのほか、サインの配置も考えます。

商業空間のさまざまなデザイン要素

● ファサードデザイン

通行する人にその店舗への興味を持たせたり、入店を誘導したりといった、集客に直接影響する重要な要素となる（写真提供：ノード）

● ビジュアルマーチャンダイジング（VMD）

ショーウインドーやビジュアルポイント（VP）にディスプレイするほか、わかりやすく美しく見える商品陳列の方法をデザインする（写真提供：ノード）

● サイン

商業施設の入口に設置するフロアマップといった総合案内板をはじめ、通路上に配置するエスカレーターや化粧室などへの誘導サインがある。また、トイレなどを絵や図で表示したピクトサインなどがある（写真提供：島忠）

1-1-4 商業のさまざまな業種と業態

「商業」には、さまざまな業種（営業の種類）と業態（営業の形態）があります。それにより必要となる機能が変わり、空間のデザインも変わります。まずはこうした業種と業態の違いを理解しておきましょう。

業種は、「飲食業」と「物販業」「サービス業」に大別できます。「飲食業」では「レストラン」「カフェ」「ファストフード」などの形態があり、取り扱うメニューによって「和食」「洋食」「中華」などさらに細かく分類できます。「物販業」は物品の小売り販売を行います。取り扱う商材により「食品」「衣料品」「日用品」などに分類されます。「サービス業」には「美容室」「クリニック」「アミューズメント」などがあります。

業態には、「単独店舗」や「コンビニエンスストア」「スーパーマーケット」「百貨店」などのほか、「ショッピングモール」などの大型複合商業施設があります。

さまざまな業種（営業の種類）

飲食業
ファストフード、カフェ、レストラン（和・洋・中など）、バーなど

物販業
食料品、衣料品、日用品、雑貨など

サービス業
理美容、病院・医院、クリーニング、レンタル品など

さまざまな業態（営業の形態）

コンビニエンスストア

スーパーマーケット

百貨店

ショッピングセンター

ここで紹介している以外にも、量販店（GMS）や専門店、ドラッグストア、ディスカウントショップ、ホームセンターなどがある

さまざまな飲食店

● レストラン

ファミリーレストランのようなカジュアルなものからフォーマルな高級店までさまざまな種類がある。ダイニングやキッチンと呼ばれる場合もある。カジュアルな店のインテリアは比較的明るく、ゆっくり食事を楽しむ店は、暗く落ちついた雰囲気の空間となる（写真提供：ノード）

● カフェ

お酒が飲めるカフェバーや開放的なオープンカフェ、飲食以外のサービスが複合したブックカフェやインターネットカフェなどもある。チェーン展開されている店も多く、その場合インテリアデザインはどの店でも統一化されている（写真提供：デコール）

● フードコート

ショッピングセンターに多く設けられている形態。エリアの中央に椅子やテーブルが、周囲に店舗が配置される。さまざまな店舗の料理を客が自分で配ぜんして楽しむ飲食スペース（写真提供：ノード）

さまざまな物販店

● 食料品店

スーパーマーケットのように陳列された商品を客が自分で取り、最後にレジで料金を支払うセルフまたはセルフサービス方式のほか、ショーケースに並んだ商品から選び、その場で店員が精算する対面方式の販売形態がある。取り扱う商品には、生鮮食品や総菜などの加工品、飲料や菓子などさまざまなものがある（写真提供：ノード）

● 衣料品店

紳士、婦人、子供服のように商品対象ごとに販売する店舗のほか、家族向けの総合店舗などがある。靴やバック、アクセサリーなどの「服飾雑貨」を専門で扱う店舗や衣料品と一緒に扱う店舗がある（写真提供：ノード）

● 日用品店

生活に必要な道具や消耗品などのほか、雑貨などを販売する。さまざまな種類の物品を総合的に取り扱う店舗や、文房具や化粧品といった、特定の種類のものだけを取り扱う店舗もある（写真提供：ノード）

さまざまなサービス店

● **理美容室**

美容室や理容室のほか、ネイルサロンやエステティックサロンなどがある（写真提供：デコール）

● **生活関連サービス店**

クリーニング店や靴の修理店、旅行カウンター、写真スタジオといった店舗がある（写真提供：ノード）

● **アミューズメント**

映画館や劇場、ゲームセンター、ボーリング場などがある（写真提供：ノード）

さまざまな業態

● **スーパーマーケット**

食料品や日用品などを販売する。客自身が陳列棚から商品を取り、レジで精算するセルフサービス方式で商品を販売する店舗（写真提供：ノード）

● **百貨店**

衣食住の複数の専門店が1つの大きな建物にテナントとして入店し、対面方式で商品を販売する店舗（写真提供：ノード）

● **専門店**

ある特定の分野の商品を中心に販売する店舗。高額商品の場合は対面方式で販売する（写真提供：ノード）

● ドラッグストア

一般用医薬品を中心に化粧品や日用品、飲料、生鮮食品以外の食品を販売する店舗（写真提供：ノード）

● ホームセンター

建材や工具、園芸用品をはじめ、ペット用品や自動車用品、日用品などを販売する大型店舗（写真提供：島忠）

● ショッピングセンター

百貨店や大型スーパーマーケットを中核店舗とし、複数の各種専門店やサービス店舗、飲食店などが入居した大型商業施設。テナントスペース（各店舗）とパブリックスペース（共用部）に分けられ、パブリックスペースは施設全体のイメージを訴求するデザインに統一される（写真提供：ノード）

Chapter 1

2　インテリアにかかわる業種・職種

インテリアにかかわる仕事にはさまざまな業種や職種があります。業種ではインテリア商品を製造する事業、販売を行う事業、設計に特化した事業などがあります。また、職種では、デザイナーのほかにコーディネーターやスタイリスト、コンサルタントなどがあります。本節では、インテリアの仕事にかかわる業種や職種の大まかな分類を理解しましょう。

1-2-1 インテリアにかかわる4つの業種

インテリア関連の業種の代表的なものとして、家具やカーテン、照明器具や住宅設備などのインテリア商材を製造する「製造業」、インテリア商品を卸売りや店舗などで販売する「卸売業・小売業」、建築物を施工する「建設業」、主に設計やデザインを行う「サービス業」の4つが挙げられます。

それぞれ、住宅向けや商業施設向け、オフィス向けなど専門分野に分かれるものもあります。

また、家具やファブリック、設備機器など、対象とするインテリアエレメント（インテリアを構成する要素）ごとに業界があります。

4つの業種

製造業
（インテリア製品の製造）
家具メーカー、ファブリックメーカー、設備機器メーカー　など

卸売業・小売業
（インテリア製品の販売）
百貨店、インテリアショップ、ホームセンターなど

建設業
（住宅や商業施設の施工）
総合建設業（ゼネコン＝ゼネラル・コンストラクター）、ハウスメーカー、工務店など

サービス業
（設計・デザイン）
設計事務所、デザイン事務所、フリーランスのデザイナーなど

各業種の特徴

● 製造業

インテリア製品の企画デザインから製造までを行う。ショールームや直営販売店舗を運営しているメーカーもある。

	製造する製品例
家具	椅子、テーブル、ベッド、収納家具など
什器	店舗で商品を陳列する棚、ディスプレイなど
建材	室内ドアや間仕切り、幅木、廻縁、階段、手摺、システム収納、フローリングなどの床材
仕上げ材	壁紙や塗装材、タイルやカーペット、化粧板
住宅設備	照明器具や家電製品、キッチン、トイレ、バスルームなど
ファブリック	カーテンやシェードなどのウインドートリートメント、カーペットなど

● 卸売業・小売業

インテリア製品に関する知識を持ち、ただ単に販売するだけでなく、顧客にアドバイスや提案も行う。実店舗以外に、通信販売を行っているところもある。海外から製品を輸入する商社もこの業種に含まれる。

	販売形態	販売する製品例
一般消費者向け	専門店、百貨店やホームセンター、通信販売など	家具、照明器具、カーテンなど。オリジナル商品の開発・製造・販売を行う場合もある
法人・業者向け	代理店、特約店での販売など	一般住宅や集合住宅、店舗向けの、工事が必要な建材、仕上げ材、各種住宅設備など

● 建設業

規模や対象とする建築物によって、総合建設業やハウスメーカー、工務店、店舗専門施工会社などに分類される。

	建築物の種類や規模	特徴
総合建設業（ゼネコン＝ゼネラル・コンストラクター）	集合住宅、商業施設などのビル、道路や橋梁などの中〜大規模建築物	発注者から直接業務を受注する。設計・施工から工事全体の監理を行う
ハウスメーカー	中小規模の一般住宅、集合住宅	自社開発の一般住宅、注文住宅などを受注し、設計・施工・監理などを行う
工務店	中小規模の一般住宅や店舗	地域密着型で設計・施工・監理などを行う。施工のみを専門で行うところもある
店舗専門施工会社	商業空間や展示空間	店舗や展示スペースなどの設計から施工を専門に行う内装仕上工事業

● サービス業（設計・デザイン）

住宅や商業施設、店舗、公共施設などのほか、展示会の設計・デザインも手掛ける。また、インテリアコーディネートや店舗ディスプレイなども行う。

	設計の対象と特徴
建築設計事務所	規模にかかわらず、住宅や店舗などの建築物の計画立案、設計、設計監理、工事監理（設計通りに工事ができているかの確認など）を行う。住宅の場合、インテリア設計も行う
インテリアデザイン事務所	商業施設、集合住宅、家具などのインテリアデザインや設計を行う。店舗専門、家具専門、照明専門のデザインを行う事務所もある
総合ディスプレイ	各種展示施設や商業施設、文化施設やイベントなどの空間演出などを行う

1-2-2 インテリアにかかわる職種

代表的な3つの職種

● **インテリアデザイナー**

「インテリアデザイナー」は、何もない空間をデザインしたり、ゼロから新たな物を生み出したりする

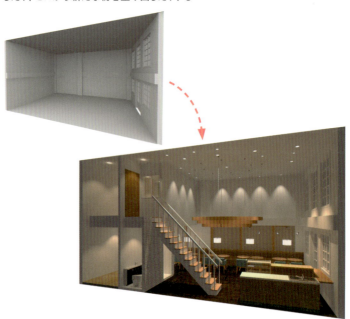

インテリアにかかわる職種には、代表的なものとして「インテリアデザイナー」「インテリアコーディネーター」「インテリアスタイリスト」などが挙げられます。これ以外にもさまざまな職種が存在し、さらに同じ職種でも、住宅系や商業系、空間デザインや家具デザイン、照明デザインなど、専門の分野や対象などで細分化されます。

● **インテリアコーディネーター**

「インテリアコーディネーター」は、既存のインテリアエレメントを組み合わせて、空間全体を作り上げる

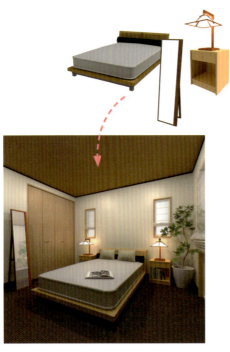

● **インテリアスタイリスト**

「インテリアスタイリスト」は、メディアの撮影現場などで、インテリアエレメントを組み合わせて空間を演出する

1-2-3 インテリアデザイナーの業務と必要な知識・資質

「インテリアデザイナー」は、住宅や店舗、オフィスをはじめ、自動車や飛行機など室内装飾を必要とする空間をデザインします。家具や照明器具などの「プロダクトデザイン」を中心に手掛けるデザイナーもいます。

インテリアデザイナーの仕事は、空間やインテリアエレメントをゼロから作り上げる仕事といえます。デザインや建築、素材に関する知識はもちろん、柔軟な発想力やそれを伝える表現力が求められます。また、予算の管理やスケジュール管理の能力も必要になります。商業系のデザインにおいては、商売に関する知識も重要です。

	業務内容	必要な知識・資質
空間デザイン	クライアントの要望や室内の使用目的をふまえ、内装の企画から設計、工事監理まで全体的にかかわる	美術やデザインの知識、建築、設計、製図、パース作成に関する専門知識をはじめ、美的センス、空間演出の具体的な発想力と表現力、コスト管理能力など
店舗デザイン	単独店舗や百貨店などの大型店、ショッピングセンターなどの複合施設などをデザインする	空間デザインの基本的な知識と技術だけでなく、機能性や集客力、販売力の向上もデザインの目的になるため、店舗で取り扱う商品やサービスの知識も必要
プロダクトデザイン	家具や什器、照明器具などのインテリアエレメントをデザインする	エレメントに使用する素材やエレメントの使いやすさなどにかかわる人間工学、エレメントを販売するためのマーケティングなどの専門知識が必要

1-2-4 インテリアコーディネーターの業務と必要な知識・資質

「インテリアコーディネーター」は、主に住空間を対象に、クライアントの好みや希望、生活スタイルに応じて、家具や照明、壁紙や床材、カーテンなど、室内全体のインテリアエレメントのコーディネート提案やアドバイスを行います。そのため、専門知識のほかに豊かな商品知識が必要です。

インテリアデザイナーが「空間をゼロから設計、デザインする業務」なのに対し、インテリアコーディネーターは「既存のインテリアエレメントを効果的に組み合わせ、空間を構成する業務」といえます。

	業務内容	必要な知識・資質
個人邸宅	クライアントの要望に応じて、家具や照明器具をはじめ、壁紙や床材、カーテンなどのインテリアエレメントをコーディネートする。新築以外にリフォームもある	インテリアに関する幅広い知識や表現力が必須。クライアントが個人の場合が多いため、要望を聞き出すほか、わかりやすく説明するといった高いコミュニケーション能力が必要
ショールーム／ショップ	キッチン、バス、トイレなどの住宅設備メーカーや建材メーカー、家具メーカーのショールームのほか、インテリア関連商品の販売店などで、接客を通して豊富な商品の中から来店客のニーズに合わせた商品提案やアドバイスを行う	

1-2-5 インテリアスタイリストの業務と必要な知識・資質

「インテリアスタイリスト」は、雑誌やカタログ、テレビなどのメディアの撮影現場で、企画に合わせて家具や小物を使って空間を演出する仕事です。

また、百貨店や専門店のディスプレイデザインや、モデルルームやモデルハウスのインテリアコーディネートを行います。

流行を取り入れたインテリアスタイルの提案を求められるため、インテリアの知識以外に最新のトレンド知識やセンスが必要です。またクライアントのコンセプトを的確に構成したり、表現したりする能力も求められます。

	業務内容	必要な知識・資質
メディア	雑誌、カタログ、テレビなどのメディアの撮影現場で、インテリアエレメントやアイテムをセッティングする。インテリアやインテリアショップの選択や借り受け、返却の手配も行う。場合によってはインテリアに関する記事の執筆も行う	インテリアの知識を前提に、デザインやデザインの流行に関する知識が必要。コンセプトに基づき空間を構成する能力や表現力、美的センスや対話能力が求められる
商業施設	百貨店や専門店（ブランドショップ）のショーウインドーをはじめ、売り場のディスプレイデザインを行う	
モデルルーム／モデルハウス	ハウスメーカーや不動産販売会社の商品コンセプトに基づき、モデルルームやモデルハウスなどのインテリアコーディネートなどを行う	

---

column 照明デザイナーの業務と必要な知識

「照明デザイナー」は照明に特化したデザイナーです。建築や内装の設計者と協力して、光の効果を使って空間演出を行い、照明器具のデザインや屋外空間のライトアップなども手掛けます。照明に関する知識だけでなく、建築やインテリア、電気設備など幅広い知識が必要です。

建築空間や内装デザインの仕上げの効果をより高めるための照明デザイン例（建築設計：栽花建築設計事務所、提供：コヤマケンタロウデザイン事務所）

建築物全体の印象を高める照明デザイン例（撮影：山崎洋一、提供：コヤマケンタロウデザイン事務所）

1-2-6 インテリアにかかわる資格

インテリアデザインは専門知識のほかに実務経験が必要な仕事ですが、公的な資格を取得する必要は特にありません。しかし資格を取得すれば、業務に必要な基礎知識や技術を身に付けているという公的な証明にもなるので、インテリアにかかわる仕事をする際に有効な場合があります。

インテリアにかかわる資格は多く、「建築士」をはじめ、「商業施設士」「インテリアプランナー」「インテリアコーディネーター」「福祉住環境コーディネーター」「キッチンスペシャリスト」「マンションリフォームマネージャー」「照明コンサルタント」「カラーコーディネーター」などの資格があります。

インテリアにかかわるさまざまな資格

● 建築士

資格内容	「建築士法」の規定に基づき、建築物の設計や工事監理を行う。国土交通省認定の国家資格
特徴	「一級」「二級」「木造」の3種類があり、建物の規模、用途、構造に応じて取り扱うことのできる業務範囲が定められている。建築計画、建築法規、建築構造、建築施工に関する知識が問われる。 インテリアデザインでは、リフォームなど建築にかかわる業務に携わる場合、「二級建築士」の資格を取得しておくと有効。また、建築士資格は建築に関する実務経験として認められることが多く、ほかの資格試験で受験科目が免除になる場合がある

● 商業施設士

資格内容	あらゆる商業施設について、運営管理システムや店舗の構成、デザインなどを総合的に計画し、管理まで行う。商業施設技術団体連合会認定の資格
特徴	対象となる商業施設は、百貨店や一般の店舗、レジャー施設、博物館、劇場など幅広い。商業施設だけでなく、商業施設を含む街区計画でも、企画立案や設計デザイン、施工、運営・販売促進分野などの必要な専門知識や技術が求められる

● インテリアプランナー

資格内容	インテリアプランニングでの企画や設計、工事監理を行う。建築技術教育普及センター認定の資格
特徴	インテリアの企画では、専門的な知識を生かしてユーザーに対し適切なアドバイスを行い、さらに表現技術を駆使して具体的なデザインイメージを作る。インテリアの設計では、デザインイメージに従い空間構成および室内環境の計画や内装構法・仕上げ材料の選択、エレメントの設計、選択などを行う。さらに、設計図や仕様書などの作成、設計図書を基にした工事監理まで行う

● インテリアコーディネーター

資格内容	家具やカーテン、照明などの製品を全体的にプロデュースするほか、助言や提案も行う。インテリア産業協会認定の資格
特徴	インテリアや住宅、製品、商品に関する幅広い知識と専門的な技術が必要となる。インテリアのコーディネートだけでなく、情報の発信や提供などを通した、住まいのインテリアに対する消費者の価値観向上も担う

● 福祉住環境コーディネーター

資格内容	高齢者や障がいを持つ人向けに快適な住環境を提案する。東京商工会議所認定の資格
特徴	医療や福祉、建築についての体系的な幅広い知識を基に、ほかの専門家と連携しながら適切な住宅改修プランを立案、提案する。社会福祉に関する基礎知識から実務における知識や技能によって、1、2、3級に分かれている

● キッチンスペシャリスト

資格内容	快適で使いやすいキッチン空間の提案やアドバイスを行う。インテリア産業協会認定の資格
特徴	住空間でも特にキッチンとその周辺の空間について、生活者のニーズに合わせた提案やアドバイスを行う。キッチンの機能やキッチンの設計・施工など総合的な知識が必要とされる

● Space Desginer検定試験

資格内容	建築図面を理解でき、CADやBIM・CGソフトを利用してリアルなCGインテリアパースと説得力のある提案書を作成できる人材を評価・認定する。コンピュータ教育振興協会（ACSP）の資格
特徴	実践的なスキルを重視した試験内容で、CADソフトやCGソフトなどデジタルツールを使用したデザイン作業や、空間レイアウトの提案・プレゼンテーション能力が評価される。基礎課題と応用課題があり、StandardとExpertの2つの資格がある

Chapter 1
3　インテリアデザインの具体的な業務

インテリアデザイナーは、依頼者（クライアント）の要望を基に建築物の状況や予算、スケジュールなどの条件を踏まえた上で、インテリアデザインや設計を進め提案します。決定したデザインは、施工者と協力しながら完成させます。インテリアデザイナーには、こうした一連の業務を行うためのさまざまなスキルが求められています。

1-3-1 インテリアデザインの業務の要素と流れ

インテリアデザイナーの業務は、「ヒアリング」「プランニング」「プレゼンテーション」「設計・監理」の4段階に大別できます。

最初に依頼者（クライアント）からデザインの依頼を受けます。こうした依頼者の要望やデザイン条件などを確認する業務が「ヒアリング」です。

これを基にインテリアのコンセプトやデザインを考える業務が「プランニング」です。プランニングは「プレゼンテーション」で依頼者に提案し承認を得ます。承認を得たデザインを具体的に形にするのが「設計・監理」です。

インテリアデザイン業務の4つの要素

ヒアリング
依頼者からの要望や建築物の状況、予算、スケジュールといった与件、制約を確認／整理する

プランニング
ヒアリングを基にインテリアのコンセプトやデザインを考える

プレゼンテーション
プランニングしたインテリアのコンセプトやデザインを依頼者に提案し、承認を得る

設計・監理
承認を得たプランに基づき、施工のための設計図を作成する（設計）。
施工状態を設計図と照らし合わせ確認する（監理）

インテリアデザイン業務の流れ

クライアント

デザイン設計依頼

■ その他の情報収集

依頼 → プレゼンテーション ← プレゼンテーション ← 承認 ←

ヒアリングと調査

依頼者の要望や予算、スケジュール、建築条件など、デザインを行う上で必要な情報を現場に出向くなどして収集し、整理・分析する

■ スケジュール確認
■ 予算確認
■ 現地調査
■ 関連法規確認
■ 競合者調査
■ その他の情報収集

プランニング（コンセプト／ラフデザイン）

ヒアリングおよび調査の情報を基にデザインコンセプトやテーマを決めデザインの構想を練る。デザインの考え方をビジュアル化して依頼者にプレゼンテーションし、デザインイメージの共有と方向性の確認を行う

■ コンセプトボードの作成
■ 平面プランの作成
■ パース／模型の作成
■ 素材サンプルの収集
■ その他（展開プラン、照明プランなど）の作成

デザイナー

施工者

3 インテリアデザインの具体的な業務

1-3-1

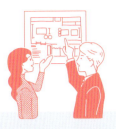

| | 工事契約・発注 | 受領 |

↑プレゼンテーション ↓承認　　　↑見積書提出　　↑調整・報告　　↑引き渡し　↑竣工図提出

基本設計

平面図や展開図などの設計図を作成し、デザインを具体的に決定する。施工者に見積書を依頼し、予算の配分や調整（コストコントロール）、施工方法や素材選定などを進める

- 平面図の作成
- 天井伏図の作成
- 展開図の作成
- 家具図の作成
- 照明計画の作成
- 設備計画の作成
- パース／模型の作成
- カラースキームの作成

実施設計

設計図を基に製作や施工を進める。施工図や見積書をチェックする。また、施工時には、現場がプランや図面に合っているかを確認しデザインの詳細を決める。状況に合わせてデザインの変更や調整も行う

- 仕上表の作成
- 平面図の作成
- 天井伏図（照明計画含む）の作成
- 展開図の作成
- 家具図の作成
- 設備図の作成
- 詳細図の作成
- 工程表の作成

設計監理

施工が完了し、依頼者に引き渡される。施工中に発生した設計変更などを基の設計図に反映し、実際に竣工した状態を図面化した竣工図を作成する

- 竣工図の作成

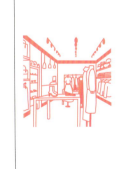

↓見積依頼 ↑見積提出 ↓見積確認　　↓契約・発注 ↑見積書・施工図提出 ↓見積書・施工図確認　　↓現場確認

見積り作成・提出

施工・見積書作成・施工図作成

施工・竣工

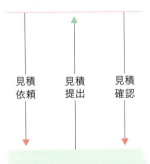

Chapter 1　インテリアデザインの仕事

3　インテリアデザインの具体的な業務

1-3-1

029

1-3-2 インテリアデザインに必要なスキル

インテリアデザインとは「依頼者の要望を発想力と経験、知識と技術を駆使して、よりよい形に具体化すること」といえます。そのため、インテリアデザイナーには「提案力」「表現力」「監理力」の3つのスキルが求められます。

「提案力」は、デザインを考え、まとめ、提案する際に必要です。

デザインイメージを相手にわかりやすく伝えるためには「表現力」が不可欠です。こうしたデザインイメージを具体的な形にするには「監理力」が求められます。

インテリアデザインをうまく進めるためには、この3つのスキルをしっかりと身に付けることが重要です。

インテリアデザインに必要な3つのスキル

提案力（コンセプトワーク力）
- ヒアリング力
- 情報収集力
- 分析力
- 発想・構想力
- 専門知識
- オリジナリティ
- 社会性

依頼者の要望や関連情報を収集・分析し、問題点を洗い出してその解決方法などをふまえたデザインを提案するスキル。建築やインテリアに関する専門知識のほか、対象となる業種や職種の基礎知識が必要。また豊かな発想力と独自性や、社会的なモラルや安全性や環境への配慮が求められる。斬新さはあってもよいが「突拍子もないデザイン」にならないように提案する

表現力（プレゼンテーション力）
- 会話力
- スケッチ・図面・パース・模型作成力

監理力（マネージメント力）
- コスト・スケジュール管理能力
- 現状把握力
- 調整力

提案内容を言葉やビジュアルを用いて、相手にわかりやすく伝えるために必要なスキル。ストーリー性のある話し方や専門用語を多用せず、わかりやすい言葉に置き替えて説明する能力が必要。また、言葉で表現しにくいものを「スケッチ」や「パース」「模型」などで視覚的に表現し、デザインを施工者に伝えるために正確でわかりやすい図面を作成する能力も求められる

図面化されたデザインを実物として完成させるスキル。図面どおりに施工されているか、予算やスケジュールに沿って施工が進行しているかをチェックできる能力をはじめ、建築物の制約や使用目的による条件、法規に則っているかを判断する力も必要。決められた範囲の中でよりよいものを作り上げる能力といえる

column インテリアデザイナーとして意識することとは

インテリアザイナーには多くの知識とスキルが求められます。こうした知識やスキルは学習や仕事を通して培われていくものですが、「デザイナーとしての意識」を持たないとなかなか身に付きません。ここでは筆者が考える意識のポイントを挙げてみました。

「デザインは人を幸せにするための手段だと考えよう」

デザインは「きれい」で「機能的」なものを作るだけではありません。デザインは、ものの価値を具現化したり、問題を解決してよりよい状態にすることです。そして何より人に幸福感や満足感を与えるものこそデザインの神髄といえます。

「ものごとをさまざまな角度から考えよう」

解決すべき課題があったときは、問題の本質をとらえ、何のために何を解決するのかを明確にしましょう。そして、実用性や安全性、経済性などさまざまな角度から考えましょう。普段から広い視野と興味を持つことで、解決へのヒントが蓄積されます。

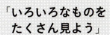
「いろいろなものをたくさん見よう」

店舗や家具、インテリア製品、そして美術品、工芸品など、いろいろなものをたくさん見ましょう。写真に撮ったりスケッチをしたり、気が付いたことなどをメモしたりしましょう。デザイナーとしてのセンスを磨き「引き出しを増やす」ことにつながります。

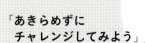
「あきらめずにチャレンジしてみよう」

解決すべきもの、実現したいことにチャレンジしましょう。簡単にあきらめず、試行錯誤や検討を繰り返し、創意工夫で解決や実現に近付けるようチャレンジしてみましょう。粘り強く取り組み続けることが重要です。

「よく聞き上手く伝えよう」

人と意識して会話しましょう。その人が何を言いたいのか、何を要望しているのかを上手くくみ取りましょう。そして、こちらの意図を上手く伝えるために、ストーリー仕立てにして話したり、共通の話題を探したり、スケッチしながら話したり、いろいろな工夫をしてみましょう。

「空間や物の形と大きさの感覚を磨こう」

日常生活で、空間や家具、道具などの形や大きさに敏感になりましょう。テーブルや椅子、家具の幅や高さ、位置やレイアウトなど、心地よさや過ごしやすさを感じたら、自分の体やメジャーなどで実際に寸法を測ってみましょう。こうした蓄積が形や大きさのセンスを磨きます。

column		実例

商業施設インテリアデザインのプレゼンテーション資料

ここで紹介するのは、中国の商業施設において、実際に作成されたインテリアデザインプランのプレゼンテーション資料です。商業施設のインテリアデザインプランでは、デザインコンセプトやデザインイメージのほかに売りやすさや顧客の回遊性を考慮した「ゾーニング」や、視覚的な販売戦略「VMD（ビジュアルマーチャンダイジング）」のプランを検討し、提案する必要があります。（資料提供：ノード）

デザインの考え方や方向性のプラン

デザイン全体の方向性やコンセプトをまとめた資料です。立地や建物の状況、出店するマーケットに合わせた売場構成や商品構成を含めた提案をしています。

● **イメージターゲット**

立地条件や営業計画をもとに、メインターゲット、サブターゲット、戦略的ターゲットを整理。客層をイメージする写真をレイアウトしている

● **店舗コンセプト**

地域のシンボルとなる商業施設を目指し、キーワード「THE STYLE PROMNADE」をコンセプトとする。3つのテーマを、わかりやすく図にまとめている

3 インテリアデザインの具体的な業務

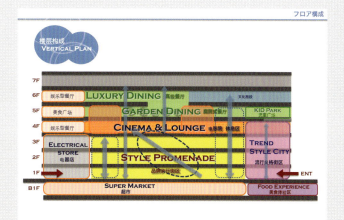

● フロア構成

建物全体の縦方向の回遊を考えたフロア構成の提案。ゾーンを色分けし、矢印で買い物客の動きを表現している

● ゾーニング

各フロアでの平面的なフロア回遊を考えた売場構成を提案。売場をゾーンに色分けし、売場イメージの写真と連動させている

● VMD計画

各ゾーンごとの、売場のビジュアル的な見せ方の提案。各ゾーンをスタイルでまとめてイメージを提案している

具体的なデザインプラン

コンセプトに基づき、より具体的なプランにしたプレゼンテーション資料です。

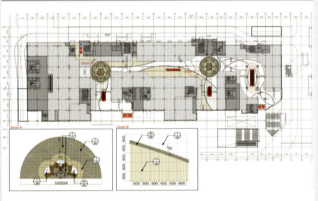

● **ファサード計画**

吹抜けに面したショップのファサード計画。複合型店舗の場合、全体イメージの統一感やバランスを保つため、デザイン設計指針を作成し、各ショップのデザインをルール化する

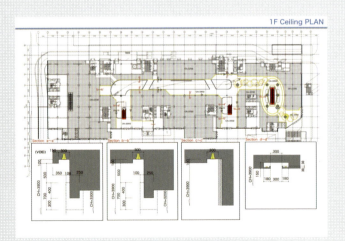

● **フロアプラン**

通路の床の貼り分けパターン、ジャンクション（交差部）のデザインパターンの提案

● **ライティングプラン**

通路部の間接光による照明演出計画。折り上げ寸法や照明器具の入れ方を断面図で説明

3 インテリアデザインの具体的な業務

● パース
エントランスの空間イメージ。人物を入れることでスケール感や賑わいを表現

● マテリアルプラン
床材の実物サンプルを貼って、実際の色合いや質感を見せる

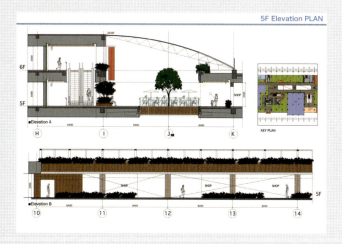

● エレベーション
パブリックスペースを展開図で表現。吹抜け部分のベンチやグリーンの配置、全体のボリューム感を見せる

● レストルーム
婦人用トイレのデザイン。商業施設ではトイレのデザインも注目される要素となる

● 造作什器プラン
インフォメーションカウンターの三面図断面図で照明の配置方法を表現。パースとマテリアルを1つにまとめて見せる

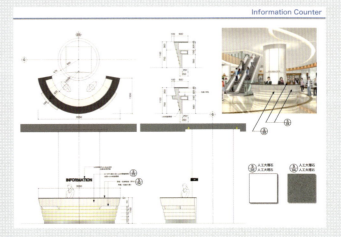

● パブリックファニチャープラン
フロアのテーマに合わせたベンチやグリーンの提案

Chapter 2

インテリアデザインに
必要な知識

インテリアデザインでは、インテリア
を構成する要素やそれらの特徴、
空間や家具に必要な寸法、建築の
構造や素材など幅広い専門的な知
識が必要です。本章では、こうした
最低限知っておくべき基本的な知
識を学びましょう。

Chapter 2

1 インテリアを構成する要素

インテリアはさまざまなエレメント（要素）で構成されており、それぞれ形や機能による種類や名称があります。ここでは主要なインテリアエレメントである「家具」を中心に、インテリアデザイナーやコーディネーターにとって必須となるインテリアエレメントの種類や名称を紹介します。

2-1-1 インテリアエレメントとは

インテリアエレメントとは、床・壁・天井の内装材や家具、照明器具、カーテンなど、室内空間を構成する要素のことをいいます。

このほか、装飾小物やアートなどインテリアを演出するアクセサリーや、観葉植物などのインテリアグリーンもエレメントに含まれます。

インテリアデザインでは、こうしたインテリアエレメントの一つひとつをデザインするほか、空間全体におけるエレメントの選択や配置を計画します。このとき、色や形のバランスだけではなく機能性や組み合わせの効果などを考えることも重要です。

さまざまなインテリアエレメント

- 天井
- 照明器具
- アクセサリー
- カーテン
- 壁
- グリーン
- 家具
- カーペット／ラグ
- 床

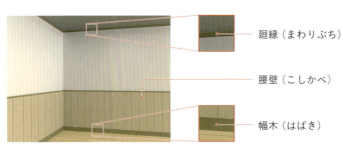

- 廻縁（まわりぶち）
- 腰壁（こしかべ）
- 幅木（はばき）

廻縁は天井と壁の間に取り付ける水平材。見切や装飾として取り付けられる。
腰壁は腰の高さに相当する900㎜程度の高さに板材などを張り仕上げた壁。装飾や汚れ、傷などの防止に用いられる。
幅木は壁の汚れや傷の防止、壁と床の間の隙間を防ぐために取り付けられる

2-1-2
家具―椅子

インテリアエレメントの中でも特に生活に不可欠なものが家具です。家具の中でも、脚のついた椅子やテーブルを「脚物」といいます。

椅子は「座」「背」「脚」の基本構造でできており、それぞれの素材や加工方法などに違いがあります。また、作業用や休息用など、使用目的によって座面の高さや背もたれの傾斜角度に違いがあり、デザインも変わります。このほか、折りたためるものや重ねられるもの、連結できるものなど、機能によってもさまざまな種類に分類されます。

椅子の構成材の名称

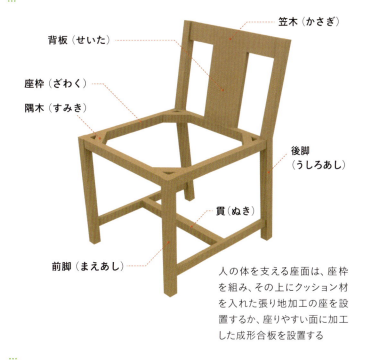

笠木（かさぎ）
背板（せいた）
座枠（ざわく）
隅木（すみき）
後脚（うしろあし）
貫（ぬき）
前脚（まえあし）

人の体を支える座面は、座枠を組み、その上にクッション材を入れた張り地加工の座を設置するか、座りやすい面に加工した成形合板を設置する

さまざまな椅子の名称

● アームチェア（ひじ掛け椅子）

● アームレスチェア（ひじ掛けのない椅子）

● スツール（腰かけ椅子）

● ソファとオットマン（足置き台）

食事用に使われる椅子を「ダイニングチェア」、休息用の椅子を「リビングチェア」とも呼ぶ

椅子の機能

● スタッキング（積み重ね）

● フォールディング（折りたたみ）

● ギャンギング（連結）

このほかに、「ロッキングチェア（揺れ椅子）」や「スウィーブルチェア（回転椅子）」などがある

2-1-3 家具―テーブル

テーブルは「甲板（天板）」「幕板」「脚」の基本構造でできています。

作業を目的としたもの、装飾を目的にしたものなどがあり、作業で使用するテーブルの場合、椅子に腰掛けて使用するため、座面との高さ（差尺）が使いやすさに大きく関係します。

テーブルの構成材の名称

- 甲板（こういた）
- 幕板（まくいた）
- 脚（あし）

甲板の大きさは使用目的や着席する人数によって異なる。甲板材や仕上げは耐水性や耐熱性、耐摩耗性のあるものが望ましく、手や上体が直接触れるため、甲板のエッジは丸みの加工があるものがよい

さまざまなテーブルの名称

● ダイニングテーブル

● リビングテーブル

● コンソールテーブル（壁付けの装飾用テーブル）

● ナイトテーブル（ベッド脇に置くサイドテーブル）

事務用や勉強用に使われるテーブルは「デスク（机）」と呼ばれ、引き出しなどの収納機能が装備されている。デスクには甲板の下部に引き出しが付いた「平机」と、脇に引き出しが付いた「袖机」がある

テーブルの機能

● エクステンション（拡張式）

● バタフライ（折りたたみ）

● ネスト（入れ子）

エクステンションテーブルは、甲板を開き、中にあるたたまれた板を回転し、フレームの上に乗せて広げることで甲板の広さを増減できる

2-1-4 家具─収納

収納の構成材の名称

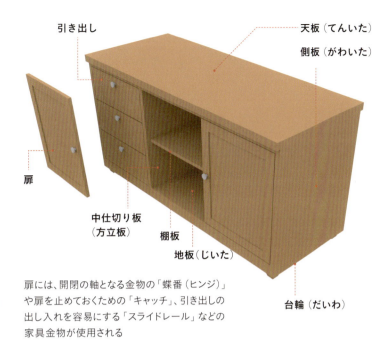

扉には、開閉の軸となる金物の「蝶番（ヒンジ）」や扉を止めておくための「キャッチ」、引き出しの出し入れを容易にする「スライドレール」などの家具金物が使用される

収納家具は「天板」「地板」「側板」「背板」で構成され、下部に台輪か脚が付属します。

食器棚やチェストなどの単品収納家具のほか、基本寸法で作成された戸棚や引き出しなど、ボックス状の収納パーツを好みに合わせて組み合わせる「ユニット家具」があります。

また、側板や背板、棚板や引き出し、ハンガーパイプなどの標準化された部品を壁面寸法に合わせて組み込む「システム家具」などの造作家具があります。システム家具は「ビルトインファニチャー」ともいわれます。

さまざまな収納の名称

- シェルフ

- チェスト

- 食器棚（カップボード）

- リビングボード

- ユニット家具

- システム家具

ユニット家具は、ボックス状の収納パーツを組み合わせて構成する。システム家具は標準化された部品を壁面に合わせて組み込む

2-1-5 家具―ベッド

ベッドは「ヘッドボード」「フットボード」「サイドレール」「ボトム」から成るフレームと「マットレス」の基本構造でできています。

ヘッドボードとフットボードは、マットレスのズレ止めや枕止めの役割のほか、ベッドの装飾も兼ねています。

マットレスのスプリングはコイルが連結している「ボンネルコイル」やコイルが1つずつ独立した「ポケットコイル」があります。

また、ソファとして使用できるソファベッドがあります。

ベッドの構成材の名称

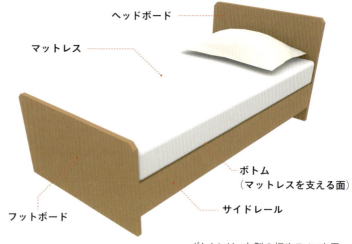

ボトムには、木製の板やスノコを用いた「シングルクッション」と、マットレスの下にクッション材を重ねた「ダブルクッション」、下に引き出しが付いた「収納一体式」などがある

ベッドの名称

● ソファベッド

ソファベッドは背もたれを倒すリクライニング式と座面を引き出す折りたたみ式のものがある

ヘッドボードの種類

● フラット

● 棚付き（宮付き）

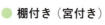

● 張りぐるみ

● パイプ

棚付き以外にも引き出しや照明、コンセントを付けたものがある。また、ヘッドボードがなく、マットレスに直接脚が取付けられたベッドもある

column

家具金物の種類

棚や扉、引出しなどの部材や部品を組み合わせる際に使用する「家具金物」は、機能によってさまざまな種類があります。扉を開閉するための金物でも、扉の開き方や収め方、重量などによって、選ぶべき金物が異なり、使い勝手の良し悪しにも影響してきます。ここでは、代表的な家具金物の種類と名称を紹介します。

● ノックダウン金物

板と板の組み立てや分解が容易にできるよう、接合部に取り付ける金物

● 棚受け／棚ダボ／棚柱

棚板をネジで固定するものや、ガラスを挟み込んで固定する棚受けなどがある。
棚ダボは側板に開けた穴に差し込んで棚板を受けるもので、置くものに合わせて棚板を移動し、上下の間隔を変更することができる。
棚柱は金属柱に一定間隔で穴が開いており、その穴に受け金物を差して棚を稼働できる

棚受け

棚ダボ

棚柱

● 丁番（ちょうばん）

扉の開閉の軸となる金物で、ヒンジとも呼ばれる。一般的なものとして、2枚の羽根を1本の軸芯でつなぎ合わせた「平丁番」や「フランス丁番」がある。
表に金具を見せない「スライド丁番」は、アウトセット型やインセット型など扉の納め方によって種類が異なる。
ほかにも、扉と側板に丁番を埋め込む「隠し丁番」や、扉を大きく開くことができる「アングル丁番」などがある

平丁番

フランス丁番

スライド丁番

アウトセット：側板の外側に扉が付く（かぶる）タイプで、扉が全面に見える

インセット：側板の内側に扉が付くタイプで、枠の中に扉が収まって見える

隠し丁番

アングル丁番

● ステー

引き落とし扉や跳ね上げ扉に使用する金物。扉を開いた状態で止めたり、開き角度を制限したりすることができる。扉の開閉がゆっくり動作するソフトダウンステーがある

● キャッチ／ラッチ

扉を止めておくための部品で、開けるときに解除操作が必要な「ラッチ」と、操作が必要ない「キャッチ」がある

マグネットキャッチ　　ローラーキャッチ　　プッシュラッチ

● スライドレール

引き出しに使用する金物。ソフトクローズやプッシュオープンのタイプもある

● ハンドル

引き出しや扉に取り付けるもの。「取っ手」や「引き手」とも呼ばれる

ハンドル　　　　埋め込み取っ手　　　回転取っ手

● キャスター／アジャスター

「キャスター」は、椅子やワゴンの脚先やキャビネットの下部などに取り付け、自由に向きを変えたり移動することができる。車輪の向きが自在に動くものと固定されているもの、ストッパー付きのものなどがある。車輪の材質は、硬い床にはゴムやウレタンなどのやわらかい樹脂製、カーペットにはポリアミドやナイロンなどの硬い樹脂製が適している。「アジャスター」は、テーブルの脚先などに取り付けて床とのがたつきをなくして水平を保つようにしたり、高さを調整したりすることができる

キャスター　　　　　アジャスター

2-1-6 インテリアアクセサリー

インテリアアクセサリーの配置例

飾るテーマやストーリを組み立て、空間全体に調和する色やテイストに配慮した上で、何をどこに飾るかを決定する。配置のバランスやアクセントの付け方など飾り方にもポイントを置き、より魅力的な空間に仕上げる

絵画や写真、キャンドルやクッションなどの雑貨や小物を「インテリアアクセサリー」といいます。

インテリアアクセサリーをフォーカルポイントなどに飾り付けることで、空間にアクセントを与え、魅力的な演出ができます。フォーカルポイントとは、空間の中で最初に視線を引き付ける場所や、自然に視線が行く場所のことを指します。

鉢植えや観葉植物は「インテリアグリーン」といいます。これらは自然で癒しのある空間を演出します。

インテリアアクセサリーは個人の趣味や嗜好、センスにより選ばれて飾り付けられるものですが、空間の性格や印象を決定付ける要素にもなるため、慎重に選択することが大切です。

フォーカルポイント

部屋に入った時に最初に視線が行く場所や、自然と視線が行きやすい部屋の対角線上、リビングやダイニングで過ごす際に目につきやすい場所などがフォーカルポイントになる

インテリアアクセサリーのアイテム

● 小物

● アート

● クッション・ラグ

インテリアアクセサリーのアイテムには、小物やアート、クッション・ラグなどがある。インテリアに合わせてテーマを決め、色や素材の統一感や配置バランスなどを考慮して飾り付けをする

2-1-7 店舗の什器

店舗で商品を陳列する家具を「什器（じゅうき）」といいます。陳列する商品の種類によりさまざまな形態があり、陳列する商品の見やすさや選びやすさを考慮した形状となっています。

食品用什器では、鮮度を保つための冷ケースや、多くの商品を陳列できるゴンドラ什器などがあります。

衣料品用では、洋服をハンガーにかけて陳列するハンガー什器のほか、ディスプレイ用のマネキンやトルソーなどがあります。

そのほか、商品に合わせた専用什器などもあり、商品の種類や店舗のイメージに合わせてデザインされています。

食品売場で使用される什器

● 冷ケース　　● ゴンドラ什器　　● 平台

生鮮食品は冷蔵機能がある什器に陳列する。ゴンドラ什器は陳列方法に合わせてネットやハンガー、フックなどとの組み合わせが可能

衣料品売場で使用される什器

● 平置き什器　　● ハンガー什器　　● マネキン／トルソー

シャツなど畳んだ商品は平置きに陳列する。ディスプレイに使用するマネキンはボディ全体があるもので、胴体部分だけのものはトルソーという

売場による什器の違い

● 食品売場　　● 衣料品売場

食品売場では、商品の保存方法やストックする分量により、什器の機能や高さなどが変わる。衣料品売場ではミラーやフィッティングルームの設置が必要になる（写真提供：ノード）

2-1-8 住宅設備

キッチン、トイレ、洗面台、バスなどの住宅設備機器もインテリアエレメントの1つです。特にキッチンは、家族のコミュニケーションスペースの機能を持ち、キッチンのスタイルやデザインがインテリアイメージを形成する重要なエレメントです。

キッチンとほかの部屋とのつながり方によって空間のスタイルが決まります。リビングやダイニングと区切りがないタイプを「オープン型」といい、キッチンがほかの部屋から完全に独立したタイプを「クローズ型」といいます。カウンターや下がり壁などで部屋の仕切りを作り、開口部を設置したタイプを「セミオープン型」といいます。

さまざまな住宅設備

● キッチン

● トイレ

● 洗面台

● バス

住宅設備は水廻りの設備ともいわれ、給水や排水設備が必要になる。配管などの制限があるため、リフォームの際に位置を大幅に移動できない場合がある

さまざまなキッチンのスタイル

● I型

シンクや調理台、コンロなどを横一列に並べたスタイル。一般的なキッチンのレイアウトで狭いキッチンに向く。ただし、長く並べすぎると作業動線も長くなり作業効率が悪くなる

● L型

直交する2つの壁に向かってL字型に配置したスタイル。直角三角形のような動線で効率のよいレイアウトだが、収納などのコーナー部分をデッドスペースにしないような工夫が必要

● U型

調理スペースを広く取れるレイアウトで、クローズ、オープン両方に対応できる。キッチンのインテリア性の高さを発揮できるタイプの1つだが、広いキッチンスペースとコーナー部の収納の工夫が必要

● ペニンシュラ型

L型、U型の一部が半島のように突き出したレイアウトで、オープン型キッチンに適している。突き出した部分にカウンターやダイニングテーブルを配置して対面式キッチンにできるが、キッチンの高さとテーブルの高さの違いなどに注意が必要

2-1-9 照明器具

照明器具もインテリアエレメントの1つです。照明は必要な明るさを確保するためだけではなく、空間の雰囲気作りにも大きな効果があります。

照明には、全体を明るくする目的の「全般照明」や、部分的な明るさの確保や演出を目的とする「局部（補助）照明」などがあります。

照明器具の形状の違いだけでなく、青白くさわやかな色、赤みを帯びた温かみのある色といった光の色や、照明器具の形状による光の放射状態により、空間に与える影響が変化します。

さまざまな照明器具——全般照明

● シーリングライト

天井面に直接設置するタイプの照明器具。部屋の大きさに合わせてランプの明るさを選ぶ。洋風や和風といった器具のデザインがある

● ペンダント

天井から吊るすタイプの照明器具。空間のポイントにもなるため、器具のデザイン選びも重要になる

● ダウンライト

● シャンデリア

ダウンライトは複数の小さな器具を天井に埋め込んで配置するため、部分的に点灯することが可能。シャンデリアは装飾性が高い照明器具で空間を華やかに演出する

さまざまな照明器具──局部（補助）照明

● ブラケット

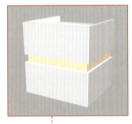

● スポットライト

● フロアスタンド

● デスクスタンド

局部（補助）照明は、明かりが必要な場所に部分的に光を当てる照明。器具のデザインも空間演出の要素となる

2-1-9

1 インテリアを構成する要素

050 | 超図解で全部わかる　インテリアデザイン入門　［新装改訂版］

2-1-10 ウインドートリートメント

カーテンやブラインドなど、窓周りの装飾全般のインテリアエレメントを「ウインドートリートメント」といいます。カーテンやブラインドは、光を調整したり視界をさえぎったりという機能的な目的を持っています。一方で、空間を演出する重要な役割を担っており、特に住空間では窓が部屋の中に占める面積が大きいため、カーテンのスタイルや色、柄などの演出方法によって、空間の雰囲気は大きく変わります。

カーテンにはデザイン性や見た目をより重視したさまざまなスタイルがあります。プリーツの寄せ方やタッセル（カーテンを束ねておく紐）のまとめ方、裾や縁の装飾などに工夫が施され、窓辺を美しく演出します。

さまざまなウインドートリートメント

● **カーテン**
（ドレープ［厚手の生地］＋レース）

● **ローマンシェード**
（布をたたみ上げるシェード）

● **ベネシャンブラインド**
（水平なスラット［羽根］のブラインド）

● **バーチカルブラインド**
（垂直の細長いスラットのブラインド）

● **ロールスクリーン**
（布を巻き上げるスクリーン）

● **プリーツスクリーン**
（プリーツ状の異なる生地で組み合わせたスクリーン）

形状の種類のほかに、生地の色や柄の違いによっても空間のイメージが変わる。シェードとカーテンとを組み合わせるほか、ドレープとレースを逆に吊るすといった演出方法もある

さまざまなカーテンのスタイル

● センタークロス

カーテンの中心から生地を分けて左右に少したるみを持たせたスタイル。優雅な雰囲気となる

● クロスオーバー

中央を重ね合わせたスタイル。クラシックさやエレガントさが感じられる雰囲気となる

● ハイギャザー

横裾に長めのフリルやレースでアクセントをつけたスタイル。エレガントな雰囲気となる

● スカラップ

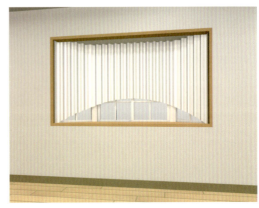

装飾性の高いスタイルで、裾の形状の違いにより、O型、S型、W型がある。出窓や腰窓に使われる

● セパレート

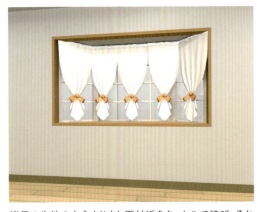

縦長の生地の中心より少し下付近をタッセルで結び、それを複数飾るスタイル

● カフェ

横に渡したポールなどに通し、窓を部分的に覆うように取り付ける、丈の短いカーテン

Chapter 2

2 インテリアの色彩計画

色はインテリアの印象を左右し、イメージを決定付ける重要な役割を果たします。そのため、色に関する知識はとても大切です。ここでは配色の基本や色の見える仕組みなど、色に関する基礎知識を学びましょう。

2-2-1 カラースキーム

「カラースキーム」とは色彩計画のことです。インテリアのカラースキームとは、空間の使用目的や条件に沿って、床、壁、天井を含む各インテリアエレメントの具体的な色を調整し、決定することです。色の選択以外にも、どこにどのくらいの分量で色を使うか、どの色をどのように組み合わせるかといった配色が重要です。

インテリアでは「ベースカラー」「メインカラー」「アクセントカラー」の3つのカラーを組み立てます。空間の中で、この3つのカラーをそれぞれ「どの部分」に「どのくらいの分量」で配置するかを検討します。

住宅のカラースキームのポイント

	ベースカラー	メインカラー	アクセントカラー
アイテム	床・壁・天井	家具・カーテン	小物（ラグ・カーペット・クッションなど）
面積	70%	25%	5%
耐用年数	長い	中程度	短い
色選択のポイント	インテリア全体のイメージを形成する基調色。飽きのこないベーシックな色がよい	インテリアの主役となる色。暗すぎず華やかすぎないものがよい	雰囲気を手軽に変えられる色。個性的な色や柄のものでもよい

053

2-2-2 色、素材、形の関係

同じインテリアエレメントでも色のほかに、素材感や質感、形やボリュームにより空間の印象が変わります。

インテリアデザインやカラーコーディネートを考える場合、「色」「素材」「形」の関係やバランスに配慮することが大切です。

質感や形で変わる空間イメージ例

● 色と形の違い

同じ内装仕上げの空間に、同じ種類の家具や小物を配置した例。左の家具や小物は明るい色と丸みのある形で、明るく柔らかな印象。右の家具や小物は暗い色と角のある形で、落ちつきのある印象となる

● 質感の違い

同じ色味でも素材の質感により印象が変わる。どちらも暗い色味のソファを配置しているが、左は素材が木の家具を用いており、やさしい印象となる。右はガラスや金物の家具で構成されており、シャープな印象となる

2-2-3 イメージ・スタイル

動画 ≫ P.008

美しく居心地の良い空間を作るには「色」「素材」「形」をバランスよく組み合わせることが重要です。それらを一貫したテーマに沿ってまとめたものがインテリアイメージ・インテリアスタイルです。

インテリアイメージは、「ナチュラル」や「モダン」など、空間に対する全体的な印象や雰囲気を指し、インテリアスタイルは「北欧」や「ミッドセンチュリー」など、時代や場所・文化などを背景として発展した特徴や様式を指します。どちらも多くは「インテリアスタイル」や「インテリアテイスト」などと呼ばれます。

インテリアイメージやインテリアスタイルをベースにインテリアをコーディネートすることで、空間に統一感が生まれ、心地よい居場所が作られます。また、個性やライフスタイルを反映する場にもなります。

近年では、異なるインテリアスタイルや要素を組み合わせて個性豊かな空間を作る「エクレクティックスタイル」が注目されています。例えば、民族的なボヘミアンスタイルとニューヨーク・ソーホーの都会的なテイストを組み合わせた「BOHOスタイル」、ジャパニーズ（日本）とスカンディナビアン（北欧）のスタイルを組み合わせた「ジャパンディスタイル」などがあります。これらのスタイルは統一感を保ちながら多様な要素を組み合わせることがポイントになります。

イメージ・スタイルは他の人とデザインイメージを共有する際の「共通言語」にもなります。ただし、同じスタイルでもさまざまな表現があるため、写真などをうまく使って具体的にデザインイメージを共有しましょう。

一般的なイメージ・スタイル

● **ナチュラル**

特徴	自然を感じる温もりのある空間。木の存在感が強く、直線的でシンプルなデザインの家具やニュートラルなカラーがベースとなる優しい印象のインテリア
キーワード	自然、優しい、明るい
素材	木・木綿・麻
カラー	

ナチュラルの種類
〈カントリー〉

素朴で温かみがあり、自然に囲まれた欧米の田舎の風景を思わせるデザインが特徴。木製の家具やコットン、リネンのファブリック、天然素材で編んだバスケットなど、手作り感がある家庭的でリラックスできるインテリア

● モダン

特徴	直線的でシンプルなデザイン、無機質な素材感、モノトーンでクールな印象の空間。都会的でスタイリッシュなインテリア
キーワード	現代的、シンプル、クール
素材	ガラス、金属、プラスチック
カラー	

モダンの種類
〈ミニマリストモダン〉

シンプルで洗練されたデザインが特徴。直線的で無駄のない家具と、ホワイトやグレーなどのモノトーンカラーを基調に、必要最小限の装飾に抑えられたインテリア

● クラシック

特徴	優雅で伝統的なデザインを重視し、歴史的な要素を取り入れた装飾が特徴。装飾性の高い家具や深い色合いを用いたインテリア
キーワード	伝統的、装飾的、重厚感
素材	木・大理石・ベルベット・シルク
カラー	

クラシックの種類
〈ヨーロピアンクラシック〉

ヨーロピアンクラシックは、歴史的なヨーロッパのデザイン要素を取り入れたスタイル。その中でもフレンチクラシックは柔らかな色調、優雅な曲線、美しい装飾が多用され、華やかで洗練されたインテリア

● 和モダン

特徴	日本の伝統的な和のデザインと現代的な要素を融合させたスタイル。シンプルなデザインと自然素材の組み合わせにより、心を落ち着かせる穏やかなインテリア
キーワード	凛とした、静寂、シンプル
素材	木・和紙・珪藻土・鋳物
カラー	

和の種類
〈古民家風〉

伝統的な日本の古民家の雰囲気を現代の生活空間に取り入れたスタイル。梁や柱などの構造材を生かし、障子や畳、時代を経た家具や雑貨を用いた素朴で和やかな雰囲気のインテリア

● 北欧

特徴	シンプルで機能的なデザインと明るい色調、自然素材を生かした温かみのあるインテリアが特徴。幾何学模様や自然をモチーフにしたテキスタイルをアクセントに使用
キーワード	自然、温もり、清潔感
素材	木・木綿・羊毛
カラー	

北欧の種類
〈ジャパンディ〉

日本の侘び寂び(わびさび)と北欧のシンプルさを融合スタイル。落ち着いた色調でまとめ、機能性と美しさを兼ね備えた家具や照明を取り入れ、控えめな装飾で落ち着きのある洗練されたインテリア

● アジアン

特徴	開放的でラグジュアリーな雰囲気を持ったスタイル。異国情緒のある非日常的な佇まいで、自然素材を多く使った温かみのあるリラックスした雰囲気のインテリア
キーワード	南国、リゾート、癒し
素材	木・ラタン・ジュート
カラー	

アジアンの種類
〈ナチュラルリゾート〉

自然素材の温もりと開放感を重視したスタイル。ベージュや白などの中立色を基調に、ラタン、木材、籐など自然素材製の家具を取り入れ、観葉植物を配置したリラックスできるインテリア

● インダストリアル

特徴	工場や倉庫をイメージした機能的で無骨なデザインが特徴。コンクリートやレンガなど、粗削りでラフな素材の質感を生かした、無造作なかっこよさがあるインテリア
キーワード	工業的、無骨、無機質
素材	コンクリート・タイル・金属
カラー	

インダストリアルの種類
〈ブルックリン〉

インダストリアルスタイルを基調としながらも、より洗練された雰囲気を持つ。木材やレンガなどの素材を多用し、アンティーク家具やヴィンテージ感のあるアイテムを取り入れた、より温かみのあるインテリア

● ヴィンテージ

特　徴	時間を重ねた深い味わいと落ち着きのある雰囲気が特徴のスタイル。新しいものには出せない趣や懐かしさがあり、温かみと居心地の良さが感じられるインテリア
キーワード	レトロ、伝統、深み
素　材	木・レザー・ロートアイアン
カラー	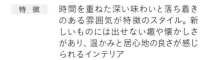

時代ものをテーマにしたスタイル〈シャビーシック〉

古びたという意味の「シャビー」と、上品なという意味の「シック」をかけ合わせた言葉で、ホワイトやグレー、パステルカラーなどの淡い色を基調に、アンティーク家具や雑貨を使ったナチュラルで大人の女性らしい上品なインテリア

● そのほかのスタイル

西海岸風

明るく開放的な雰囲気が特徴。白やブルーを基調とした色合いに、木材やラタンなど自然素材を組み合わせる。カリフォルニアの海辺をイメージしたリラックス感を表現するため、植物やマリンモチーフの装飾も取り入れる

ミッドセンチュリー

1940〜1960年代に流行した家具や建築のデザイン。曲線的なフォルムや幾何学パターン、大胆な色使いが特徴。シンプルで個性的なデザインは現代でも人気のスタイル

2-2-4 インテリアの歴史と様式

インテリアには、国や文化、歴史や伝統、気候風土などにより生まれた「様式」があります。古代から現代まで、その時代の社会背景や生活様式に合わせさまざまな建築様式や芸術様式が誕生し発展してきました。

日本の伝統的な建築は外部との仕切りに障子などの建具を用い、内と外のつながりを強く意識した造りが特徴となっており、和室の原型となる「書院造（しょいんづくり）」や茶室建築の手法を取り入れた「数寄屋造（すきやづくり）」などがあります。

西洋では一般的に「クラシック」

日本のインテリア様式

● 書院造

年代	室町時代以降
特徴	平安時代の貴族の住宅様式である寝殿造から発展した、「書院」を主室に持つ武家住宅様式。畳を敷き詰めた座敷を引き違いの建具で仕切り、竿縁天井や格天井が設けられている。現代の和風住宅に見られる「床の間」の原形

に分類される様式にも、直線的デザインの「ゴシック」や、曲線的なデザインの「ロココ」などがあり、スタイルも大きく変わります。

近代では有機的で優美な装飾様式の「アール・ヌーボー」や、幾何学的な構成の「アール・デコ」などがあります。

こうした様式をインテリアデザインの要素に取り入れることも多いですが、それぞれの造形的な特性や要素を理解した上でデザインすることが重要です。

● 茶室

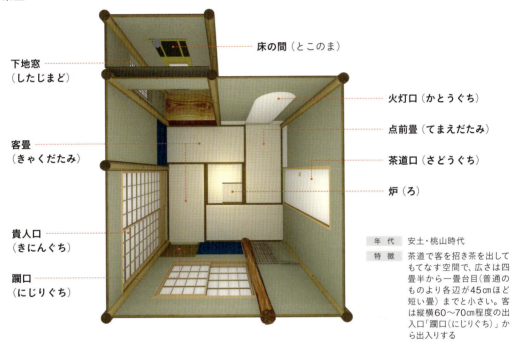

下地窓（したじまど）
客畳（きゃくだたみ）
貴人口（きにんぐち）
躙口（にじりぐち）
床の間（とこのま）
火灯口（かとうぐち）
点前畳（てまえだたみ）
茶道口（さどうぐち）
炉（ろ）

年代	安土・桃山時代
特徴	茶道で客を招き茶を出してもてなす空間で、広さは四畳半から一畳台目（普通のものより各辺が45cmほど短い畳）までと小さい。客は縦横60〜70cm程度の出入口「躙口（にじりぐち）」から出入りする

● 数寄屋造

年代	安土・桃山時代以降
特徴	書院造に「茶の湯」文化による「茶室」建築の手法を取り入れた様式。日本の美意識の1つ「侘び寂び（わびさび）」の考え方が反映されており、簡素で洗練された空間が特徴。代表的な建築物に、京都の「桂離宮」がある

061

西洋のインテリア様式

● ゴシック

年代/国	12世紀半ば／フランス
特徴	宗教建築を中心に発展した様式。建築物に合わせ垂直を強調したデザインや、「リネンホールド」（ひだ模様）、「フランボワイアン」（火炎模様）といった豪華な彫刻装飾を施した家具、框組（かまちぐみ）の技術で製作された大型の家具が用いられる。代表的なものに仏・パリの「ノートルダム大聖堂」がある

● ロココ

年代/国	18世紀／フランス
特徴	ゴシックと比較して、優雅で曲線的な形状と淡いソフトな色調を持つスタイル。小ぶりで使いやすい家具は、寄木細工や象牙、金箔などで装飾される。家具の脚には、「猫脚」といわれる動物の脚をモチーフにした「カブリオール・レッグ」形状が多用される

● アール・ヌーボー

年代/国	19〜20世紀初頭／欧州
特徴	ベルギーやフランスを中心とした美術運動から生まれた様式。植物のような有機的な曲線装飾が特徴。家具や小物には、蒸気で曲げ加工された「曲木」や、当時、新素材だった鉄やガラスが多用される。工芸品やグラフィックデザインなどにも広く影響を与えたスタイル

● アール・デコ

年代/国	20世紀／フランス
特徴	アール・ヌーボーの衰退後に流行したスタイル。工業発展に伴い、装飾性よりも規格化された形態が重視され、直線と立体との構成や幾何学図形をモチーフにした表現、原色による色の対比表現などの特徴を持つ

---

column そのほかの西洋のインテリア様式

様式名	特徴
ロマネスク	10世紀末から12世紀に西ヨーロッパに広まった中世の様式。古代ローマ建築の影響が見られる
バロック	16世紀末から17世紀にヨーロッパで流行した様式。凝った装飾や誇張された表現、効果が多用されている
ネオクラシズム	新古典主義。18世紀中期から19世紀初頭にかけてヨーロッパで流行した様式。バロックやロココと対照的に、ギリシャ・ローマ時代を模範とする古典的な形態が特徴

2-2-5 色が見えるしくみ

インテリアデザインには「色」「素材」「形」の3つの要素があります。中でも色の果たす役割は非常に大きく、インテリアの表情や印象を変えるほか、心理的、身体的な効果などもあります。そのため、単に空間を美しく演出することだけではなく、人の感覚に働きかけることも考慮し、目的に合った色の選択や不快にならない色使いを検討する必要があります。

こうした点から、色を感覚的に扱うのではなく、色の見える仕組みや組み合わせ方の基本など、色彩に関する基礎知識はとても重要です。

色を知覚するためには、「光源」「物体」「視覚」の3つの要素が必要です。太陽光などの光は「波」で、その波長の違いにより色が異なります。太陽光などには異なる波長のさまざまな光が混じり合っており、私たちが色を見るときは、異なる波長の光を見ていることになります。

色が見える仕組み

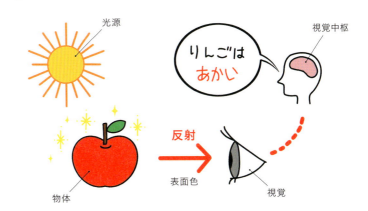

物体の表面色は、物体からの反射光が目に入って神経を刺激し、脳の視覚中枢に伝えられる。ここで光の波長の違いにより特定の「色」として認識される

光の波とスペクトル

太陽光などの可視光線は電磁波の一部で、「波」の性質を持つ。太陽光は、波長の異なるさまざまな光（色）が混じり合って白く見えるが、プリズムに通すと混じり合った光が波長ごとに分かれ大まかに7色の光の帯として見える。この光の帯を「スペクトル」といい、分かれたそれぞれの光を「単色光」という

光の波長が異なると「色」は異なる

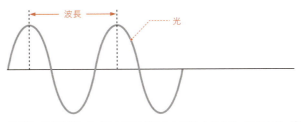

光は波（電磁波）で、波の波長が異なれば色も異なる。波長とは、波の2頂点の間隔の長さで、波長が長い（約770nm（ナノメートル））と赤、短い（約380nm）と紫に見える

2-2-6 彩色の基本原理

光の3原色と色の3原色

● 光の3原色の混色「加法混色」

赤（R）、緑（G）、青（B）の光の3原色をすべて混ぜ合わせると白くなる

● 色の3原色の混色「減法混色」

「赤紫（マゼンタ）」「黄（イエロー）」「青緑（シアン）」の色の3原色をすべて混ぜ合わせると黒くなる

色を混ぜ合わせるとさまざまな別の色を作れます。しかし、混ぜ合わせる色が、光の色なのか、絵具のような「色料」なのかで、作られる色は異なります。

光の3原色は「赤（R）」「緑（G）」「青（B）」で、光を混ぜれば明るさが増し、すべての色を混ぜると「白」になります。これを「加法混色」といいます。

一方、色料の3原色は「赤紫（マゼンタ）」「黄（イエロー）」「青緑（シアン）」で、これらを混ぜ合わせると「黒」になります。これを「減法混色」といいます。

色料の色の違いは、太陽光などが物体に当たったとき、太陽光などに含まれる光（色）のうち、どの光（色）が反射され、どの光（色）が吸収されるかによるものです。

色料の見えるしくみ

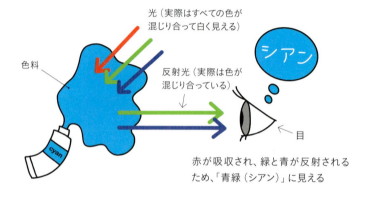

赤が吸収され、緑と青が反射されるため、「青緑（シアン）」に見える

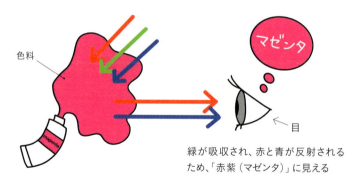

緑が吸収され、赤と青が反射されるため、「赤紫（マゼンタ）」に見える

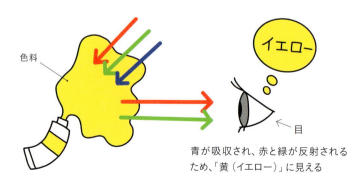

青が吸収され、赤と緑が反射されるため、「黄（イエロー）」に見える

2-2-7 色の表現方法

色相・明度・彩度

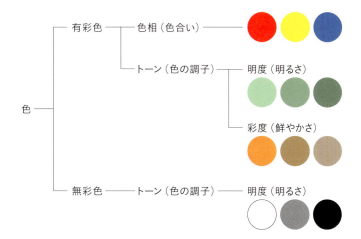

有彩色は色の3属性である「色相（色合いの違い）」「明度（明るさの度合い）」「彩度（鮮やかさの度合い）」により体系化される。無彩色では明度のみで色の体系を表す

同じ青色でも濃い青、薄い青など、色は無数に存在します。色を表す手法として「群青色」や「水色」など慣用句を用いて色のイメージを表現するほか、色の相対的な位置関係を定義付けて数値や記号で定量的に体系化した「表色系」を用いて表現する方法があります。表色系は色を正確に再現する場合に有効です。

赤、青、黄などの色味のある色を「有彩色」、白、グレー、黒などの色味のない色を「無彩色」として分類できます。有彩色は色の3属性である「色相（色合いの違い）」「明度（明るさの度合い）」「彩度（鮮やかさの度合い）」により体系化されています。無彩色では明度のみで色の体系を表します。

色相を波長順に並べ、さらにスペクトルには見られない赤紫を加え、環状に配列したものを「色相環」といいます。色にはマンセル表色系、オストワルト表色系などいくつかの体系があり、その体系にしたがって色相環にもさまざまな種類があります。色相環で向かい合う色を「補色（反対色）」、隣り合う色を「類似色」といいます。

色相環とマンセル色相環

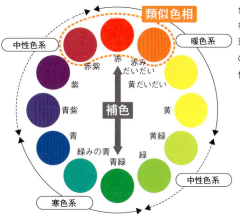

色を波長順に並べ、色相の変化を系統的に表現した色相環。色同士の関係性は並びや対面位置などで表されている

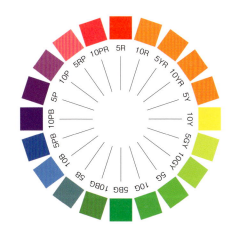

米の画家・美術教育家のアルバート・マンセルにより考案された表色法による色相環。赤（R）、黄（Y）、緑（G）、青（B）、紫（P）の5つの基本色に、それぞれの中間色相、黄赤（YR）、黄緑（GY）、青緑（BG）、青紫（PB）、赤紫（RP）の5つを加えて10色相とし、これらをさらに10分割して100色相とするもの

トーンによる印象の違い

赤や黄、青など、同じ色でもトーンが異なると、全く違った印象となる。たとえば、明るく鮮やかなトーンは元気な印象を、くすんだトーンは落ち着いた印象を与える。インテリアデザインにおいて、特定の雰囲気を作るためや統一感を出すためにも、トーンは重要な役割を果たす

慣用色の例

慣用色と慣用色名	マンセル値
茜色（あかねいろ）	4R 3.5/11
浅葱色（あさぎいろ）	2.5B 5/8
利休鼠（りきゅうねずみ）	2.5G 5/1

一般に広く慣用的に使われてきた色名で、動物や植物、鉱物などの名称をとったものが多い。日本工業規格（JIS）が「物体色の色名」として規定している色名もある

column インテリアデザインでは必携の「色見本帳」

インテリアデザインの現場では、塗装色の色指定を日本塗料工業会塗料用標準色（通称、日塗工：にっとこう）の色見本帳やDICグラフィックス株式会社の「DICカラーガイド」などの色見本帳から指定することが多い。インテリアデザインを手がける場合、こうした色見本帳は必ず持っておきたい

2-2-8 配色と「感情効果」

インテリアでは複数の色を組み合わせて使うことが多く、2色以上を組み合わせることを「配色」といいます。見る人に快く感じられる配色は、調和が取れているといえます。

組み合わせる色の条件により接する相互の色が影響し合い、本来の色とは違って見える現象が起きます。これを「色の対比」といい、対比には色相対比、明度対比、彩度対比などがあります。

また、遠くから色を見たときの見やすさを「色の視認性」といい、道路標識やサイン計画などに活用されています。視認性は、背景と文字・図の色の色相、明度、彩度における差が大きいほど高くなります。

配色の基本的なパターンとして、同じ色相で明度や彩度の違う色を組み合わせる「同系色」、色相環で隣り合う似た色相の色を組み合わせる「類似色」、色相環で向かい合う補色を組み合わせる「反対色」、色相は異なるがトーンは同じ色を組み合わせる「同一トーン」などがあります。

色の対比

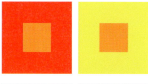

● **色相対比**
2色間の色相差が大きく見え、補色の色に近づいて見えてしまう関係

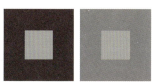

● **明度対比**
明るいほうの色はより明るく、暗いほうの色はより暗く感じる関係

● **彩度対比**
彩度の高い色はより鮮やかに、低い色はより濁って見える関係

色の視認性

背景と文字の色の色相や明度、彩度の差が大きい左のほうが視認性が高い

配色の基本パターン

● **同系色**

同じ色相の色を組み合わせた配色で、オーソドックスでまとめやすい

● **類似色**

似た色相の色を使い統一感が出せる配色。色の配分によりメリハリを表現する必要がある

● **反対色**

色どうしが引き立て合う配色だが、鮮やかすぎると刺激的になりやすい

● **同一トーン**

色数が多くても調和する配色。トーンの持つイメージが強調される

色には、活動的、さわやか、かわいらしい、暖かい、冷たい、重い、軽いといった色そのものが持つイメージがあり、人の感覚や心理に働きかける効果があります。

こういった色のイメージを利用して色を選び、組み合わせることによって、狭い部屋を広く見せたり、リラックス感のある雰囲気を作ったりすることができます。

暖色系と寒色系

● 暖色系

赤やオレンジ、黄など暖色系の色は、温かさを感じさせる。興奮色、進出色（近くにあるように見える色）でもある

● 寒色系

青や青緑など寒色系の色は、冷たさを感じさせる。沈静色、後退色（遠くにあるように見える色）でもある

色による空間の軽さと重さの違い

● 軽く見える空間

空間を明度が高く明るい色でまとめると、軽い印象になる

● 重く見える空間

空間を明度が低く暗い色でまとめると、重い印象になる

● 床に暗い色を使った空間

暗い色を床に使うと空間が落ち着いた雰囲気となる。また天井に明るい色を使うと開放感を演出できる

● 天井に暗い色を使った空間

天井に暗い色を使うと、実際の天井よりも低く見えて圧迫感がある。一方で、落ち着いた雰囲気を演出できる

Chapter 2

3　インテリアの照明計画

照明は暗いところを明るくするだけではなく、光と影の陰影を作ることにより、印象的な空間を演出できます。照明器具の形状や光源の特性を理解することで、機能面と演出面を考慮した魅力的な照明計画を考えましょう。

2-3-1 全般照明と局部(補助)照明

照明には、部屋全体を明るくするための「全般照明」と、全般照明の光が十分に届かない部分や作業に必要な明るさを補うための「局部(補助)照明」に大別できます。全体照明は「アンビエント照明」、作業部分の照明を「タスク照明」ともいいます。

照明器具の取り付け方法は天井面に直接設置するもの、天井に埋め込むもの、天井からコードやワイヤーで吊るすものがあります。また、デスクや床に置いて使用するものもあります。

照明器具は設置される場所と取り付け方によって分類され、名称が変わります。

さまざまな全般照明

● ダウンライト

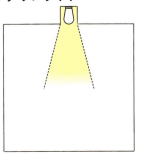

天井に埋め込む照明。天井が低めの空間やすっきりとした空間を作る際に適している

● ペンダント

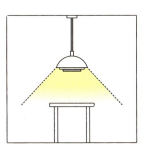

天井からケーブルやワイヤーで吊り下げる照明。テーブルの上に配置する際には、テーブルの大きさやデザインなどを考慮して器具を選ぶ

● シャンデリア

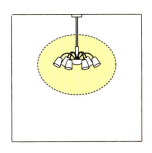

装飾性の高い照明。空間を華やかに演出できる

● シーリングライト

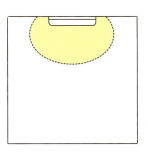

天井面に直接設置する、一般的な照明器具の1つ

069

さまざまな局部（補助）照明

スポットライト

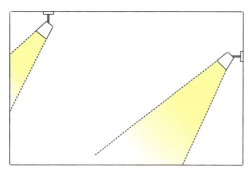

壁にかけた絵画など特定のものを照らす際に使う。全般照明が明るいと効果が薄れるため、暗めの空間に使うとよい

フットライト

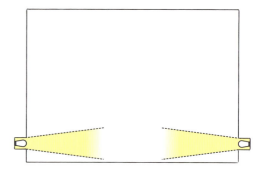

通路や階段などで壁面の床に近い部分に設置する。足下を照らし、安全性を高める役割がある

テーブルスタンド、フロアスタンド

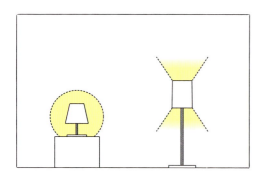

手元の明るさを補う照明。照明器具自体のデザインがインテリアとして空間を演出する役割を持つ

ブラケット

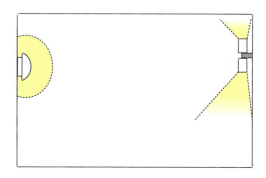

壁面に取り付ける照明。壁面を照らすため、奥行きのある空間を演出できる

そのほかの全般照明

ベース照明（天井埋め込みタイプ）

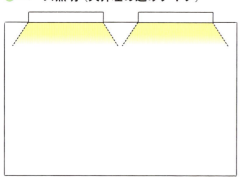

ベース照明（天井吊り下げタイプ）

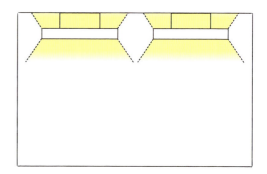

照明器具を天井面に埋め込む、または吊り下げて空間全体を照らす。オフィスや学校など、広い空間を一律に明るくするときに用いる

2-3-2 直接照明と間接照明

照明器具の設置方法には、天井から光を下に向けて直接照射する「直接照明」と、光を壁や天井に照射してその反射光で明るさを得る「間接照明」があります。

直接照明は照明効率が高く、部分的に強い明るさを得られますが、同じ空間内で明暗の差がつき過ぎてしまう場合があります。

一方、間接照明は反射光を用いるため、まぶしさがなく落ち着いた雰囲気になります。

間接照明には、照明器具を露出させず、建築の天井や壁などのつくりと一体化して設置する「建築化照明」があります。

建築化照明には、「コーブ照明」をはじめ、「コーニス照明」「バランス照明」「ルーバー天井照明」などがあります。

直接照明と間接照明との違い

直接照明
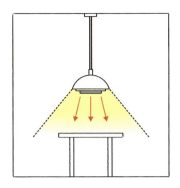

間接照明
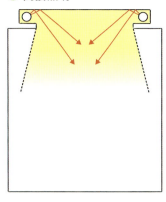

「直接照明」は光源や照明器具が空間内に見えているが、「間接照明」は天井や壁などに、光源が直接見えないように設置されている

さまざまな建築化照明

コーブ照明
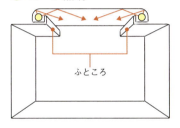
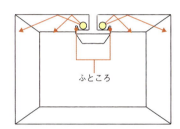

天井の一部を折り上げまたは折り下げ、「ふところ」を作って照明器具を設置する。空間全体を柔らかい光で照らせる

コーニス照明
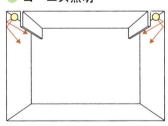

壁際に作ったふところに器具を配置する。壁面を広く照らせる

バランス照明
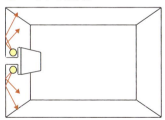

壁際に配置して壁の上下を照らす照明。

ルーバー天井照明
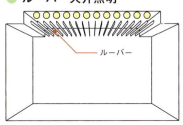

細長い板を一定の間隔に平行に配置したルーバーの上に照明を配置し、光を拡散して照射する

2-3-3 照明の組み合わせによる効果

空間の使用目的に合わせて、また空間演出を高める手法として照明器具を組み合わせて設置することがあります。

照明器具を組み合わせると光の陰影で室内の印象が変化するため、照明器具の特徴を理解し、照明が空間に与える効果を想定しながらレイアウトを考える必要があります。

たとえば、シーリング照明だけの場合は、均一な光が空間に広がり平坦な印象になりますが、ダウンライトとフロアスタンドを組み合わせた場合は空間に明暗の変化が生まれ、奥行きや立体感が作れます。またブラケットとフロアスタンドを組み合わせた場合、柔らかい光でリラックスできる空間を演出できます。

照明の組み合わせと効果

● シーリングライトのみ

シーリングライトは高い位置から部屋全体を照らすため、光の陰影が少なく、空間全体が平坦な印象となる。作業をする部屋や子供部屋といった空間に適している

● ダウンライト＋スタンド

ダウンライトが部屋の中に明るい部分と暗い部分を作り出し、スタンドが低い位置を照らすことで落ち着いた印象となる。空間に明暗の変化が生まれるので、リビングなどくつろぎの空間に適している

● ブラケット＋スタンド

壁を照らすブラケットが壁を明るく演出しながらも間接光となり、柔らかい光が空間全体に広がる。ブラケットのデザインが部屋のアクセントにもなる

2-3-4 光源の種類

照明効果は、照明器具の形状の違いだけではなく、どのような「光源」を使用するかによっても大きく変わります。

光源となるランプには、「LED（発光ダイオード）ランプ」「白熱灯」「蛍光灯」「HIDランプ」などの種類があります。ただ、現在はLEDランプが主流になり、蛍光灯やHIDランプについては水銀使用に関する国際的な取り決めにより、照明メーカーが段階的に製造を中止しつつあります。

「LEDランプ」は低消費電力で寿命が長く、省エネルギー性に優れたランプです。使用目的に合わせて電球形や器具一体型、テープ状や棒状などの照明器具を選択できる特徴があります。

「白熱灯」はいわゆる「電球」のことで、やわらかさや温かみを感じさせる赤みを帯びた光を出します。

「蛍光灯」は白熱灯に比べ発光部の面積が広いため、輪郭の強い影ができにくい光です。同じ消費電力（W：ワット）あたりの発光効率が高く（明るく）、寿命も長いランプです。

このほか、白熱灯と比較してコンパクトで輝度（光の強さ）が高く、寿命が2～4倍長い「ハロゲンランプ」や、公共施設や商業施設など、大規模な空間で使用されていた「HIDランプ」などがあります。

なお、ソケットに接続する口金は、ねじ込み形や差込み形など、照明器具によってさまざまな形状のものがあります。

さまざまな光源

● LEDランプ

電球形

器具一体形

電源内蔵形

電源別置形

電球形や器具一体形、シームレスなライン照明などがある。電源別置形でテープ状のライン照明は曲面にも使用できる（写真提供：DNライティング）

● 白熱灯

シリカ球

クリプトン球

レフ球

強い陰影を作りだせるため、立体的な空間をより際立たせる効果がある。ガラスが透明なクリアタイプのものもある

さまざまな光源（つづき）

● ハロゲンランプ

管球に石英ガラスを使用し、ヨウ素などのハロゲンガスを封入したコンパクトなランプ。光の色は自然光に近く、白や青みを帯びた白。白熱灯と比較して輝度が高く長寿命。車のヘッドライトなどにも使われる。左は反射ミラー付きタイプ

● 蛍光灯

直管型　　**電球型**

直管型や丸型などの形状があるほか、昼光色や電球色など、光の色のバリエーションも豊富

● HIDランプ

放電灯とも呼ばれる。光色や発光の出力、照明器具の用途などにより、小型から大型までさまざまなランプ形状がある（写真提供：岩崎電気）

口金サイズの例

● ねじ込み形

E17　　E26　　E39

E17やE26は一般的なランプに多く使われるサイズで、E39は主に中・大型のHIDランプに使われる

● 差し込み形

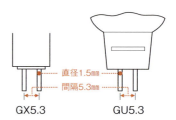

GX5.3　　GU5.3

2本のピンをソケットの穴に差し込む。小型のハロゲンランプや、小型のHIDランプなどで使われる（図はハロゲン用サイズ）

2-3-5 色温度と配光、演色性

光源の性質や性能を示す指標として、「色温度（いろおんど）」や「配光（はいこう）」「演色性（えんしょくせい）」「輝度（きど）」「グレア」があります。

「色温度」とは、光源の光の色を温度で表現する指標です。赤っぽい色は色温度が低く、青っぽい色は色温度が高くなります。色温度は「K（ケルビン）」という単位で表し、白熱灯の色温度は2800K、白色の蛍光灯は4200K、青みのある蛍光灯は6500Kです。

自然の光や光源の色温度

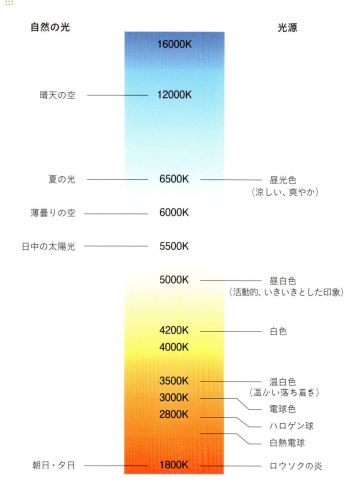

自然光や光源の光の色温度の目安。色温度によって人間が感じる印象が変わることを踏まえ、照明計画を考える必要がある

光源の色温度の違い

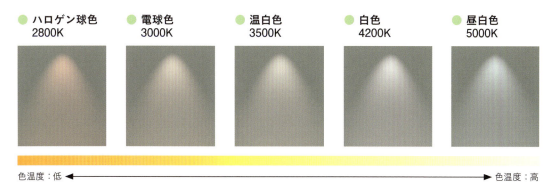

一般的に、光源の種類や照明器具の色温度はそれぞれ異なる。同じ空間でも光源の色温度の違いにより印象が大きく異なる。色温度が低いほど暖かく落ち着いた雰囲気を、高いほど涼し気な雰囲気を演出できる

075

「配光」とは、光源がどの向き（角度）にどのくらいの強さ（明るさ）で光を発しているかを示す指標です。

配光タイプは、光が広がる「拡散」タイプと、ある方向へ光を集める「集光」タイプの2つに大別できます。配光タイプだけでなく、光源と照らす面までの距離によっても効果や見え方、雰囲気が変わります。

色の見え方は光源によって異なります。太陽光と比較して物を見たときに、色の見え方を表現することを「演色性（えんしょくせい）」といいます。

太陽光に似た色の見え方をする照明ランプを「演色性のよい（高い）ランプ」といいます。

照明による空間の雰囲気は、こうした光源の性質や性能に加え、内装材の光の反射具合でも変化するため、照明計画では内装材の反射率も考慮する必要があります。

配光曲線と直射水平面分布図

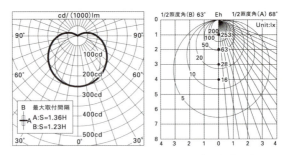

目には直接見えない光の形や強さと、その方向を曲線で表現したものを配光曲線（左）という。どの方向にどれだけの強さ（光度）で光が出ているかを極座標で表わす。直射水平面分布図（右）は、照明器具からの取り付け高さや方向によって、どのくらいの照度が得られるかを示す。こうした配光データにより、器具ごとの光の広がりや明るさなどがわかる。配光データは照明メーカーのカタログやWebサイトなどに掲載されているので、光源や照明器具選定の参考とする（写真提供：DNライティング）

配光角度の違いによる照明効果

● 狭角　　● 中角　　● 広角

壁面を照らす光は、配光の広がり具合によって印象が変わる。拡散型や集光型の違いのほか、同じ配光でも壁からの距離により光の強さが変化する

演色性

Ra80以上

Ra70以下

演色性は「Ra」という単位で表される。このRa値が100に近いほど演色性がよく、より自然な色合いで物を見ることができる

光源の性能や性質を表すその他の指標

消費電力	光源が単位時間当たりに消費する電力を表す。単位はW（ワット）
照度	光に照らされた面上の単位面積当たりの光束量（光の量）。単位はlx（ルクス）
光束	光源が発する可視光線の量。単位はlm（ルーメン）
輝度	光源の単位面積当たりの明るさ。単位はcd/㎡（カンデラ毎平方メートル）。cd（カンデラ）は光度の単位（光の強さ）
グレア	まぶしさの度合い。視作業において余分な光によって生じる現象を指す。良好な見え方を阻害する光

Chapter 2

4　寸法とモジュール

インテリアでは、機能性や安全性、利便性、さらに心理的な居心地のよさや快適性を考慮したプランニングが重要です。そのため、空間にかかわる「人」や「物」の寸法や動作に必要なスペースの知識が必要です。寸法には基準となる「モジュール（基本寸法）」があり、プランニングの際の有効な手法として利用できます。本節では、この寸法とモジュールについて説明します。

2-4-1 人体寸法

動画 ≫ P.008

人体寸法の略算値

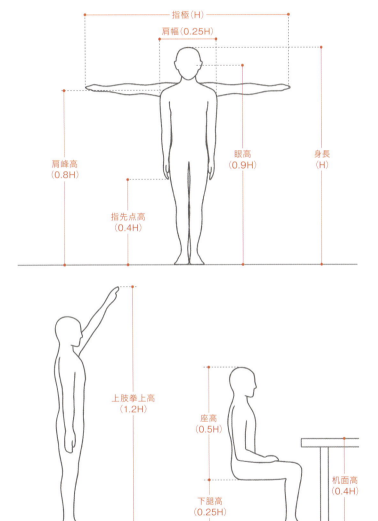

インテリアにおいて寸法を計画する際のベースとなるものに、「人間工学」があります。人間工学は人間の能力や限界を理解し、それに基づいて作業環境や道具、システムを計画する学問です。

人体寸法は、その人間工学の基本になる寸法です。人体そのものの寸法を「静的人体寸法」といいます。

人体の大きさは普通、身長・座高・体重などによって表され、身長と人体各部位の計測値との間には、ほぼ比例的な関係があるとみなせます。

そのため、身長を基準にして人体の主要部位の寸法を求める換算値がよく用いられます。この換算値は、椅子やベッドなど、人間の姿勢に関係する家具の設計では重要な基準寸法となります。

図の換算値は、縦方向は身長を、横方向は指極を「1」とした略算値。換算値を使うと身長を基準に各部の寸法を割り出せる。人体の各部寸法は、長さ方向は身長に、幅など横方向は体重に比例する。この換算値は人間の姿勢に関係する家具の基準寸法となる

2-4-2 動作寸法と動作空間

動画 ≫ P.008

手を伸ばす、立ち上がるなど、人が動作をする時に必要な寸法を「動的人体寸法」といいます。

生活行為における動作には①立位姿勢、②椅座位姿勢、③平座位姿勢、④臥位姿勢の4つがあります。

一定の場所で作業をする場合、身体の各部位が水平または立体に届く範囲を作業域(動作域)といい、それらを寸法的に示したものが「動作寸法」です。

空間の大きさを考える場合には、「動作寸法」と家具などのスペースや作業時の身体の負担にならないゆとりのスペース、連続するいくつかの動作を行うためのスペースなどを含めた「動作空間」が必要です。

人間が操作する機器のつまみや取手、レバーなどの寸法を「機能寸法」といいます。機能寸法は、手の大きさや握りやすさ、力の入れやすさなどの操作寸法以外に、アキ寸法を考慮する必要があります。

タンスや書棚などの収納やドアノブ、スイッチなど壁面に設置する設備は、垂直方向での人体寸法を優先させるのが一般的です。高さ方向の寸法が人体寸法と合っているかを考慮しながら動作のしやすさに重点を置いて位置を決めます。

生活行為での「4つの動作」

❶ 立位姿勢 — 直立 / 浅い前かがみ

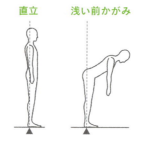

❷ 椅座位姿勢 — 作業姿勢 / 休息姿

❸ 平座位姿勢 — 正座 / 立て膝

❹ 臥位姿勢 — 側臥・ひじ立て / 仰臥

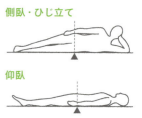

人は生活行為として日常的にさまざまな姿勢をとっており、インテリアデザインでもこうした行為や機能性を考慮した計画が重要となる

水平作業域と立体作業域（単位：mm）

● 水平作業域

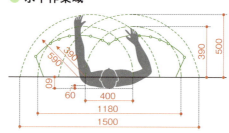

---- 最大作業域
—·— 通常作業域

机などの水平な作業面で、肘を曲げた状態で手の届く領域を通常領域といい、腕を伸ばした状態で届く領域を最大領域という

● 立体作業域

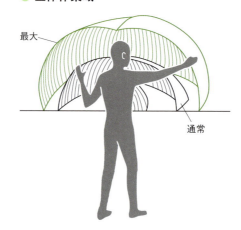

最大 / 通常

水平作業域と腕を上下に動かしたときの垂直作業域を組み合わせたものが立体作業域。水平作業域と同様に通常と最大の作業域に分けられる

動作空間の考え方

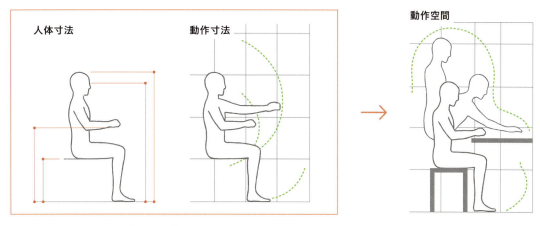

椅子に腰かけた際の主要な身体寸法「人体寸法」と、腰掛けた状態での手足の動作の寸法「動作寸法」を合わせ、さらに作業域のゆとりと家具や用具の大きさを含めて考えたものが「動作空間」

つまみや取っ手などの機能寸法例（単位：mm）

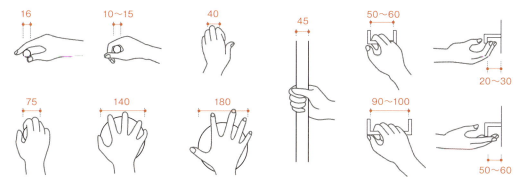

成人の手の大きさの例。動作に必要な機能寸法を把握する以外に、誰にでもわかりやすい操作性を考慮することも重要

収納棚や設備の設置位置例（単位：mm）

● 収納棚

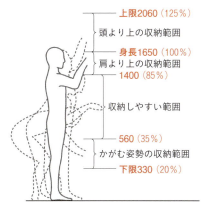

図は成人男性の例。カッコ内の数字は身長に対する比率

● ドア回り

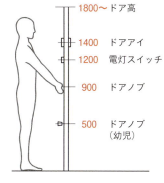

ドアノブは、腕をまっすぐに伸ばした状態で、小さい力でノブを回転できる高さ「900mm」が標準

2-4-3 生活空間と商業空間の動作空間

動画 ≫ P.008

生活空間にはさまざまな動作や行動があり、空間に必要な広さはそれによって決まります。いくつかの動作空間を集めた、あるまとまった生活行為ができる空間領域を「単位空間」といいます。住居などの生活空間ではそれらを組み合わせて空間全体をプランニングします。

商業空間では、店舗に陳列された商品を取ったり、受け渡しりする動作空間のほか、人が行き交う空間が必要になります。

また、対面販売の場合、顧客が商品を選ぶために立ち止まったり、行き交ったりするため、中央の通路幅を広く取る必要があります。セルフ販売の場合、買物カゴやカートがすれ違うことを配慮した通路幅を検討します。さらに、消防法で避難用に決められた幅を確保する必要があります。

生活空間での動作空間（単位：㎜）

- 上着を着る
- 引き出しを開ける
- 顔を洗う
- 荷物を持って階段を上がる

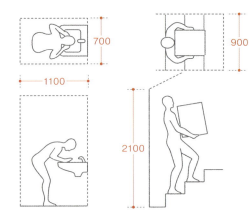

- 家事作業

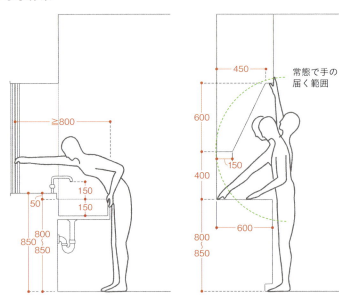

キッチンの流しおよび調理台の高さはJIS（日本工業規格）で800、850、900、950（単位はすべて㎜）の4種類に決められている

商業空間での動作空間（単位：mm）

● 対面販売での動作空間

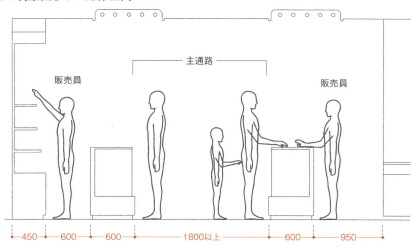

最も客の通りが多い通路を「主通路」という。主通路の幅は、3人が並んで通れる1800mm以上（1人の幅は600mm）あると望ましい

● セルフ販売での動作空間

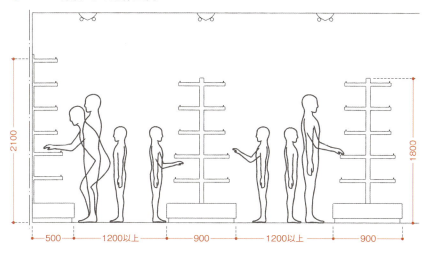

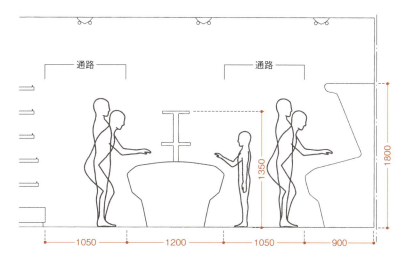

ここに記載している寸法は機能的に最低限必要な寸法であり、店舗の規模や売場のレイアウトにより変化する

2-4-4 動作と行動の心理的要因

複数の人間が共存する空間のインテリアデザインでは、人間同士の距離や位置関係が重要です。人は何らかの形で他人とかかわりを持ちながら生活を営み、相互の関係や状況に応じて、自分の都合のよいように、他人との間に距離を保とうとします。文化人類学者のエドワード・ホールにより、対人距離をコミュニケーションの質の違いとして「密接距離」「個体距離」「社会距離」「公衆距離」の4つに分類されています。

また、人には「パーソナルスペース」(環境心理学者、ロバート・ソマーの説)があります。これは「他人が容易に入り込めない身体を取り巻く気泡のような、目に見えない領域」と定義されています。

このパーソナルスペースが侵害されると、プライバシーを侵されたときと同じような感情を起こし、不安やストレスを感じるようになります。パーソナルスペースの大きさは、性別、民族、文化、地位、あるいは対応する人との関係などによって微妙な違いがあります。

4つの「距離」

密接距離

近い距離	遠い距離
0cm	15〜45cm

非常に親密な関係の人間同士の場合にとられる距離。身体を密接させられるか手で触れ合える

個体距離

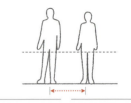

近い距離	遠い距離
45〜75cm	75〜120cm

親しい間柄の友人などの間でとられる距離。相手の表情が詳しくわかり、においも感じとれる

社会距離

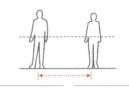

近い距離	遠い距離
120〜215cm	215〜370cm

個人的な関連のない人間同士の間でとられる距離。お互いに普通の声で話し合える

公衆距離

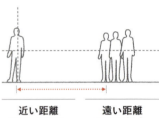

近い距離	遠い距離
370〜760cm	760cm以上

かかわり合いの範囲外にいて、一方的な伝達に用いられる距離。声は大きくなり、話し方も変わってくる

パーソナルスペース

● 男性(立位)

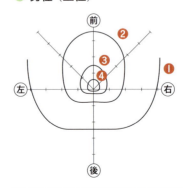

● 女性(立位)

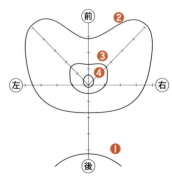

❶:このままでよい　❷〜❸:しばらくはこのままでよい　❹:すぐに離れたい

男性、女性とも、立った状態を真上から見下ろした図。縦軸と横軸の交点に自身が立っているとき、他人との位置や距離でどのように感じるかを表している。男性は前方に他人がいるのを嫌がるのに対し、女性は周囲から他人に見られるのを嫌う傾向がある

人同士がコミュニケーションをとろうとして向かい合う位置関係を「ソシオペタル」といいます。逆に、関係を持ちたくない場合に体の向きが反対になるような位置関係を「ソシオフーガル」といいます（文化人類学者、エドワード・ホールの説）。

こうした人間同士の向き合う位置関係により、「競争」や「同時作業」「協力作業」「会話」などといった関係性が表れます。

人間の動作や行動の中には、無意識に行ってしまう動作の特性があります。たとえば、右利きの人がドアノブを握ったとき右方向に回すといった動作です。このような動作や行動の傾向や癖を「ポピュレーションステレオタイプ」といいます。これらは地域や民族によって違いがあり、たとえば家具の配置についても欧米と日本では違いがあります。

「ソシオペタル」と「ソシオフーガル」

● ソシオペタル　　　　● ソシオフーガル

ソシオペタルは、「会議」や「団らん」の際にとられる対面式の集合の形。一方のソシオフーガルは、プライバシーを優先した離反の位置関係をいう

人同士の位置関係とさまざまな関係性

● 競争

相手と距離を置き、向かい合って位置をとる

● 同時作業

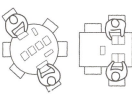

相手と空間的、視覚的に距離を置いて位置を占める

● 協力

物の受け渡しのため、近くに位置をとる

● 会話

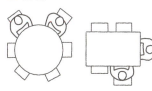

コミュニケーションが取れるように、近寄って位置をとる

習慣と伝統による動作の特性例

● 日本

● 欧米

部屋の中に机を置くとき、日本人は窓に向かって配置することが多いが、欧米では入口に向かって配置する傾向がある

2-4-5 さまざまな物の寸法

動画 ≫ P.008

収納家具の大きさは、そこに収納する「物の大きさ」や「かたち」によって決められます。

収納では、収納量や出し入れのしやすさ、きれいに保管できるかといった点が重要です。そのため、「物の大きさ」を知るとともに、物を「重ねる」「吊り下げる」といった収納方法による寸法を把握する必要があります。

店舗デザインでは、什器サイズが標準化できているか、収納量が適切か、取り出しやすいか、見やすいかといった機能性と見た目とのバランスをはじめ、空間に対して大きさや素材は適しているかといった点を検討して計画する必要があります。

食器の寸法（単位：mm）

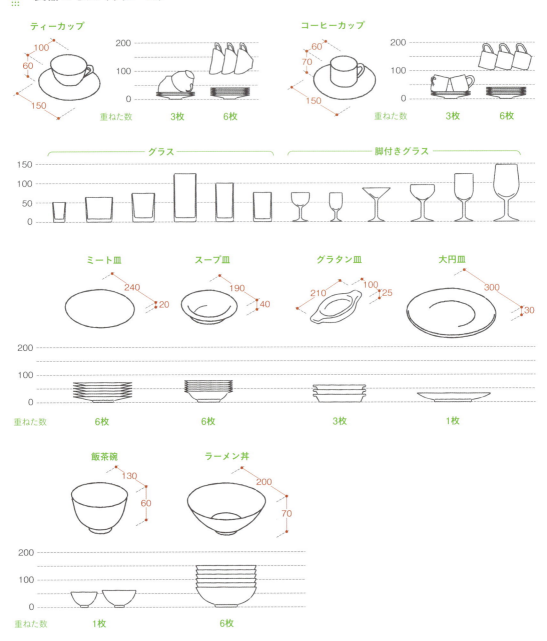

衣類の寸法（単位：mm）

紳士服の寸法

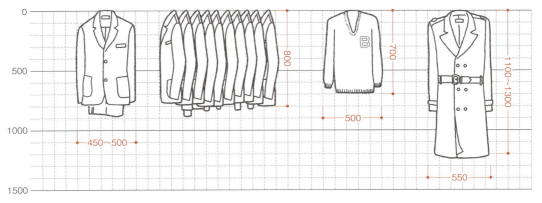

婦人服の寸法

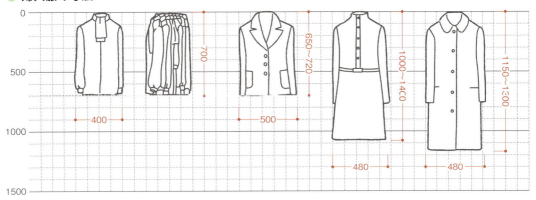

たたんだ状態の寸法

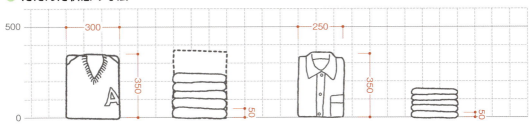

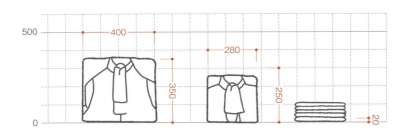

衣類は、男性用、女性用、子供用といったサイズの違いのほか、ハンガーに掛けて吊るす、たたむといった収納方法の違いにより必要なスペースが変わる

収納と陳列の寸法（単位：mm）

● 収納の寸法　　　　　　　　　　　　　● 陳列の寸法

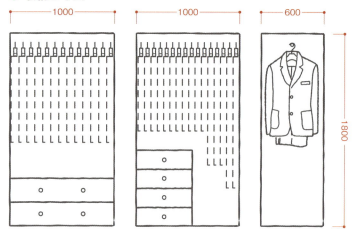

クローゼットで1mの幅に入る洋服の枚数の目安は、紳士服のスーツで13着、婦人用コートとスーツで16着分。クローゼットの一人当たりの必要幅はおよそ1.5m～2mを目安にするとよい

---

column　商品陳列棚の「ゴールデンスペース」

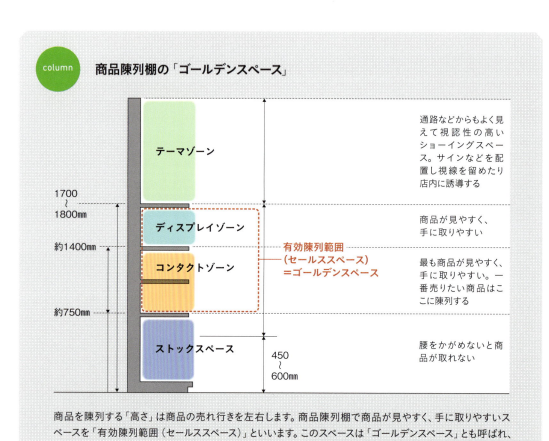

商品を陳列する「高さ」は商品の売れ行きを左右します。商品陳列棚で商品が見やすく、手に取りやすいスペースを「有効陳列範囲（セールススペース）」といいます。このスペースは「ゴールデンスペース」とも呼ばれ、一番売りたい商品（売れ筋商品、おすすめ商品、新商品、お買い得商品、儲かる商品）を陳列します。

2-4-6 モデュール

建築におけるモデュールとは、「空間や構成材の寸法を決めるための単位寸法または寸法体系」と定義され、プランニングの際に有効な手段として利用できます。

「近代建築の三大巨匠」の一人とされるフランスの建築家、ル・コルビュジエが考案した「モデュロール」は、人体寸法と黄金比を結び付けた寸法体系で、建築の視覚的側面、機能的側面、工業生産的側面の3つを考慮したものです。

日本では、建物空間を設計する際の基準になるモデュールには2種類あります。1つは、柱と柱の中心間隔を3尺＝910mmとし、これを基準とした「尺モデュール」です。もう1つは、柱と柱の中心間隔を1000mm＝1mとし、これを基準とした「メーターモデュール」です。

尺モデュールは木造軸組工法で使われ、メーターモデュールは鉄骨造や鉄筋コンクリート造などで使われます。

インテリアの場合、構成材やユニット式家具などの標準寸法を1つのモデュールとして利用します。

ル・コルビュジエの「モデュロール」

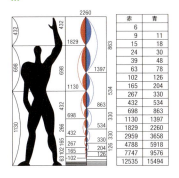

人間の身長と手を伸ばした寸法を、「黄金比」に合わせて分割・展開させ、これを基に作成した青と赤の二つの寸法列を、さらに大小両方向に展開させ、身体に関連するさまざまな寸法に結び付けたもの

尺モデュール（単位：mm）

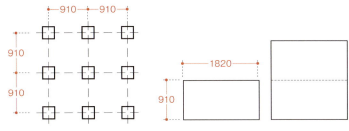

日本の住宅建築で最も多く使用されている尺モデュールは910mm（3尺）を基本寸法としている（1尺はおよそ303mm）。また、6尺（1820mm）は1間（けん）で、1間×1間＝1坪（つぼ）と定義されている

メーターモデュール（単位：mm）

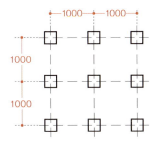

メーターモデュールは柱の中心間隔1000mmを基準寸法としている

尺モデュールとメーターモデュールとの違い（単位：mm）

 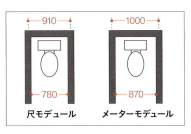

メーターモデュールは、尺モデュールに比べて面積は20％大きくなる（左）。また、メーターモデュールでは廊下の幅やトイレなど、室内の有効幅が広がる（右）

2-4-7 家具の大きさ

動画 》P.008

「座る」ための椅子でも、食事をする、くつろぐなどの行為や使用目的が異なれば、基準となる寸法は変わります。

椅子では座面の高さや面積、背もたれの角度が変わります。作業用から休息用になるにつれて、座面は後ろに傾き、高さは低く、面積は広くなります。また、長時間座るものでは、クッション性も重要です。

テーブルの場合、座る人数により大きさが変わります。また、作業や食事のしやすさといった機能面では、座面の高さとテーブルの甲板の高さの差「差尺」が大きく関係します。

椅子の寸法（単位：mm）

● スツール

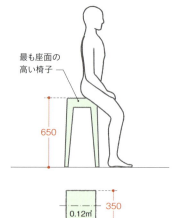

最も座面が高く、背もたれがない。ちょっと腰をかける際に使用する

● ダイニングチェア

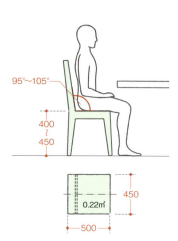

仕事や食事の際に使用される、一般的な椅子

● ソファ

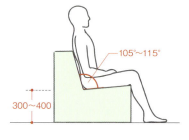

座面が深く、腰の部分が下がっており、長時間座るのに楽な椅子

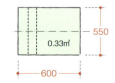

人数によって幅が変わる

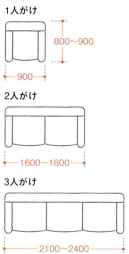

ダイニングテーブルの寸法（単位：mm）

● 1人分のスペース

● 2人分のスペース

● 4人分のスペース

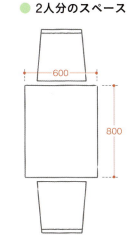
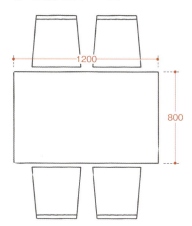

● 4人分のスペース（正方形テーブル）

● 4人分のスペース（円形テーブル）

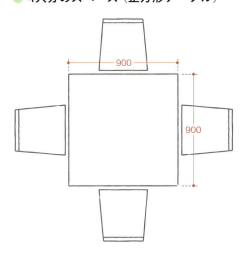
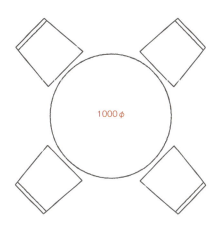

● 6人分のスペース

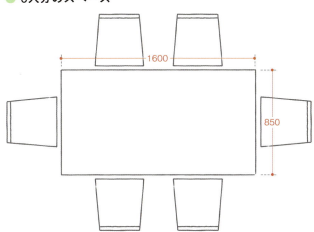

テーブルで食事をする際に1人が必要とするスペースは、一般的に「幅600×奥行き400」といわれている。これを基準に使用人数や使い方を考慮してサイズを決めるとよい。図の寸法は最小限必要な寸法で、これ以上の寸法があればゆとりができる。正方形のテーブルは、コンパクトで狭い部屋向き。丸テーブルは、サイズが大きすぎると中心に置いた物が取りづらくなる

テーブルの高さ（単位：mm）

● ダイニングテーブル　　　　● センターテーブル

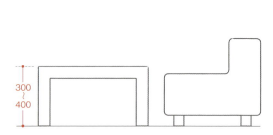

ダイニングテーブルと椅子の高さは、ダイニングテーブルの天板の高さから椅子の座面の高さを引いた「差尺」が、270～300mmの範囲にあると使い勝手がよいとされる。また、センターテーブルは、ソファの座面と同じ高さか少し高めのほうがカップを置くなどの動作がしやすい。高さが低いと動作はしづらいが、ソファ前や周囲が広く感じられる

店舗のテーブルの寸法（単位：mm）

● 2人分のスペース　　● 4人分のスペース

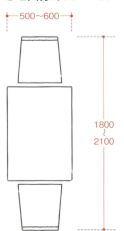
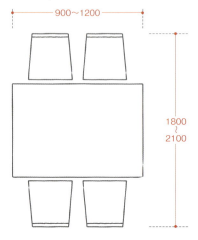

● 6人分のスペース

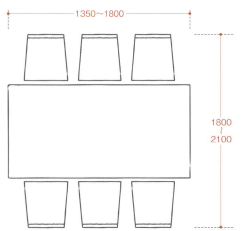

カジュアルレストランやカフェの場合、店舗の規模や客回転率（1日に客席1席あたり何人の客数があったかを示す指標のこと）を考慮した客席スタイルと寸法で計画する

2-4-8 空間の大きさ

家具の基準寸法に動作寸法を加えると、最低限必要な空間の大きさが決まります。

空間内ではさまざまなことが行われ、配置される家具の数や種類も多岐にわたります。このような場合、家具と人との関連性や連続する動作に必要な寸法、および配置の方法が空間の大きさに影響します。

限られた空間内に家具をレイアウトしたり、目的に合わせたスペースを確保したりする場合には、これらの寸法を認識した上でプランニングを進める必要があります。

ダイニングテーブル周囲の寸法（単位：mm）

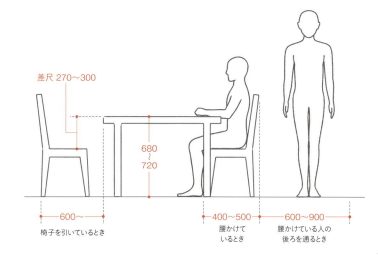

テーブルと椅子とを組み合わせた寸法に加え、人が立つ、座る、座っている人の後ろを通るといったスペースなども確保する必要がある

家具の大きさや配置とダイニングの大きさ（単位：mm）

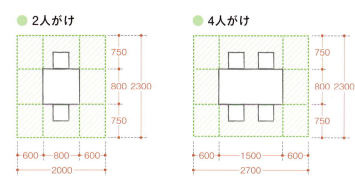

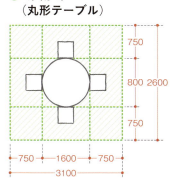

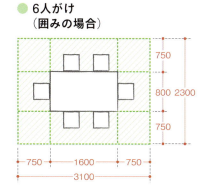

図は、標準的なテーブルの寸法に、椅子を引いたときの寸法や通路の幅を含めたスペースの寸法。同じ4人がけでも、壁に寄せて配置した場合、あるいはテーブルを円形にした場合で、必要なスペースの寸法が変わる。また、キッチンやリビングなど、隣接する空間とのつながりも考えて計画する。

リビングテーブル周囲の寸法（単位：mm）

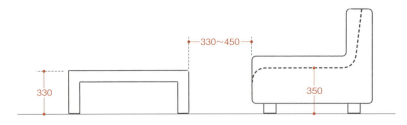

ソファとテーブルの間には、足を伸ばしたり組んだりするスペースが必要

「くつろぎ」に必要な空間の寸法（単位：mm）

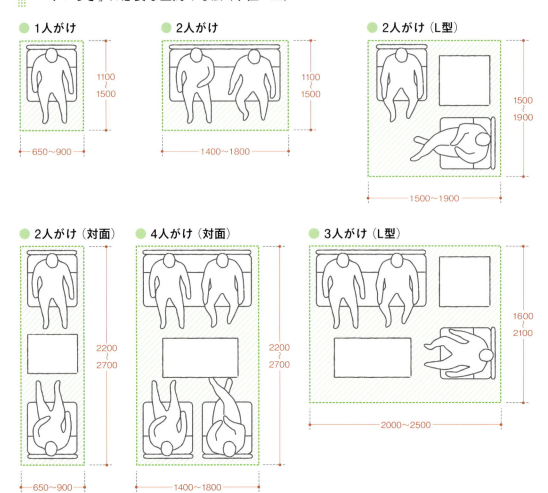

「くつろぎ」を感覚的に妨げられないように必要と考えられる寸法。ソファとテーブルの配置には、お互いの顔を見ながら会話ができる「対面型」や、斜めに相手を見て会話することで緊張感を緩和する「L型」などがある。配置や距離には心理的な影響もあるため、適切な配置や距離感が必要となる

家具の大きさや配置によるリビングの大きさ（単位：mm）

● L型リビング

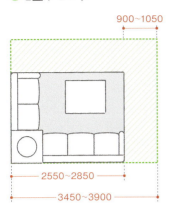

● 対面型リビング

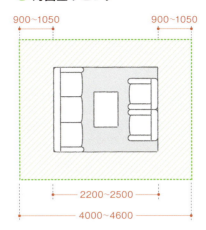

● コの字型リビング

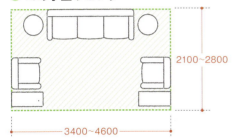

● こたつ

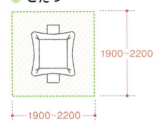

コーナーに寄せて配置するL型の配置は、空間を有効的に使用でき、部屋を広く見せることができる。ソファセットを部屋の中央に配置する場合は、周囲に通路スペースが必要になる

飲食店などの客席の大きさ（単位：mm）

● 一般的なテーブル席

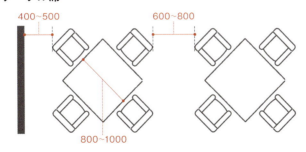

● ベンチシート席

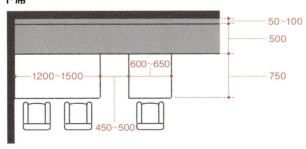

ベンチシート席では、壁側の座席をベンチ状にすることで、テーブルを客数に合わせて自由に配置できる

2-4-8

2-4-9 ユニバーサルデザインの寸法

「ユニバーサルデザイン」は、年齢や性別、国籍、障がいの有無などにかかわらず、すべての人々が安心して利用できる設計（デザイン）のことです。

「バリアフリーデザイン」と混同されがちですが、バリアフリーデザインは、高齢者や障がい者の生活に支障をきたす要因（バリア）を取り払うこと（バリアフリー）を目的としており、既存の環境の中で「バリア」の存在を前提とした概念です。簡潔にまとめると、「特定の人」のためにすでにあるものに対処するのがバリアフリーデザインで、「すべての人」のために設計段階から考慮するのがユニバーサルデザインです。

ユニバーサルデザインの考え方は、障がい者であった米国の建築

手動車いすの寸法（JIS T 9201の車いす、単位：mm）

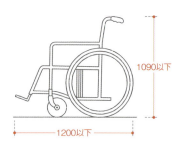
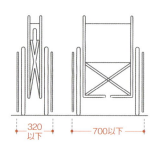

車いす使用者の標準動作寸法（単位：mm）

● 人間工学的寸法

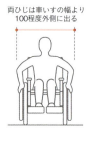
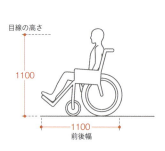

● 手の届く範囲

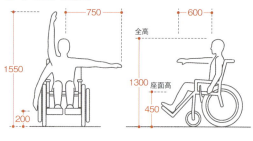

車いすの最小限動作空間（単位：mm）

● 180°回転（車輪中央を中心）

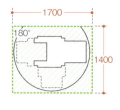

● 90°回転（車輪中央を中心）

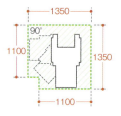

● 最小の回転円

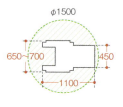

● 直角路の通過

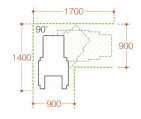

家兼プロダクトデザイナーのロナルド・メイスをリーダーとするチームによって定義付けられ、「ユニバーサルデザインの7原則」として次の7項目が提唱されています。
① 誰にでも使用でき、入手できること
② 柔軟に使えること
③ 使い方が容易にわかること
④ 使い手に必要な情報が容易にわかること
⑤ 使い方を間違えても重大な結果にならないこと
⑥ 少ない労力で効率的に、楽に使えること
⑦ アプローチし、使用するのに適切な広さがあること

この考え方は、世界的に高齢化が進む状況下において、グローバルスタンダードとして定着しつつあります。日本では国土交通省によって2005年（平成17年）に「ユニバーサルデザイン政策大綱」が策定されました。

ここでは、住空間および商空間において車いすを使用した場合の空間デザインにかかわる基準寸法について紹介します。

出入口の幅と廊下・通路幅の寸法（単位：㎜）

出入口の幅

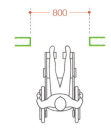
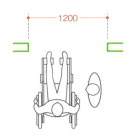

800㎜：車いすで通過できる寸法
900㎜：車いすで通過しやすい寸法

人が横向きになれば車いすとすれ違える寸法

廊下・通路の幅

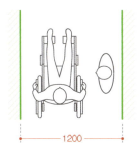

車いすで通過できる寸法

車いすで通行しやすい寸法
人が横向きになれば車いすとすれ違える寸法

トイレの寸法（単位：㎜）

トイレの手すりの設置例

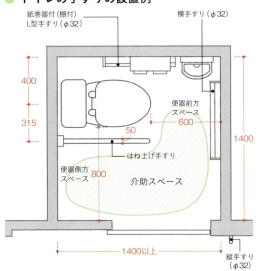

トイレの手すりの取り付け高さ

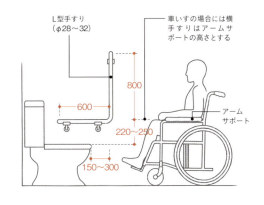

Chapter 2

5 インテリアの構造と仕上げ

インテリアのデザインでは、対象となる建築物の躯体の種類や内装にかかわる下地と仕上げ、建具の種類など、インテリアに関連するものの「構造」と「仕上げ」についての知識が不可欠です。本節では、こうした各要素の構造とその機能について解説します。

2-5-1 躯体の構造

建築物の構造分類

木構造	在来軸組構法	
	ツーバイフォー構法	
	パネル構法	
鉄・コンクリート構造	鉄筋コンクリート構造(RC造)	ラーメン構造
		壁構造
	骨構造(S造)	
	鉄骨鉄筋コンクリート構造(SRC造)	

構造の種類は建物の規模によっても変わる。一般住宅では木構造が多く、大規模な建築物は鉄・コンクリート造により建設されている

建築物の構造体のことを「躯体」（くたい）といいます。躯体は、使用されている材料によって名称が付けられています。

主な構造体には、「木構造」「鉄筋コンクリート構造」「鉄骨構造」「鉄骨鉄筋コンクリート構造」「補強コンクリートブロック構造」があり、建物の規模によっても構造体が変わります。

インテリアリフォーム計画をする場合は、外側からは構造体が見えないため、建築構造の種類によって内部の構造を判断する必要があります。

躯体

実物のSRC造の躯体。建築物は構造の種類に関係なく、基礎、主体構造、外部仕上げ、内部仕上げ、造作、設備で構成されている。空間の基本工事として床、壁、天井の下地を組み、内部建具を設置して仕上げを行う（写真提供：デコール）

木構造

在来軸組構法

日本の代表的な構法。「基礎」「軸組」「床組」「小屋組」で構成されており、木材の柱や梁などの棒材を組み上げる。柱と柱の間に筋かいを斜めに入れて補強する

ツーバイフォー構法

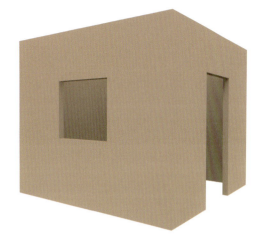

名称は、使用されている木材の断面が2×4インチであることに由来する。「枠組壁構法」とも呼ばれ、床や壁の枠組に面材を張り、一体化して強度を保つ構法

鉄・コンクリート構造

ラーメン構造

柱と梁で構成された、最も多く用いられている構造。大空間を作れるほか、間取りや開口部を自由に配置できる。柱や梁が室内に大きく張り出すことが多く、状況によっては圧迫感を与えたり、家具レイアウトの障害になったりすることもある

壁構造

耐震壁と床スラブで構造体を構成する構造。ラーメン構造のような柱や梁などの張り出しがないため、室内空間を有効に使える。ただし、構造壁部分を除去できないため、間取りや開口部位置に制限が生じる場合がある。また、部屋のサイズをそれほど大きくできない

2-5-2 床の下地

床の下地には「架構式床下地」と「非架構式床下地」の2種類があります。

「架構式床下地」は、基礎またはコンクリート床の上にさらに部材を組んで床を仕上げる方法で、木構造建築物やRC造の床には主にこの下地を採用します。

「非架構式床下地」は、コンクリート床などをそのまま床下地にしたもので、床材を直接張る、または塗って仕上げます。ただし、コンクリート床が平らでない（不陸：ふりく）ことにより仕上がり面に凹凸が出てしまうため、モルタルなどで水平にならす必要があります。

架構式床下地

● 転ばし床

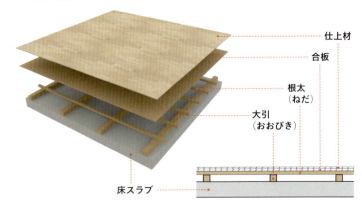

床スラブの平面上に木造床（大引・根太）を組み、下地を作る方法

● 置き床

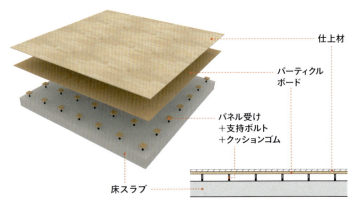

クッションゴムのついた支持ボルトを床スラブの上に置き、パーティクルボードを水平に調整して下地を作る方法。フリーアクセスフロアとも呼ばれる

非架構式床下地

● 直張り床

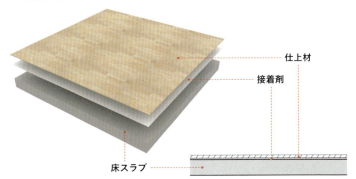

床スラブに直に接着剤を塗布して仕上げ材を張る方法。下地の不陸を拾いやすいため、厚みの少ない仕上げ材には不向き

2-5-3 壁の下地

建物構法の違いにより、壁の構造も変わります。

木造軸組工法での壁の「納め」には、和室のように柱の内側に壁を仕上げる「真壁（しんかべ）」と、洋室のように壁を柱の外側に仕上げる「大壁（おおかべ）」があります。

壁下地の種類は構成材料別に、「木造壁下地」「軽量鉄骨下地」「コンクリート壁下地」に分類されます。

木造壁下地は主に木造住宅で使われる工法で、構造体に木胴縁を取り付けたり、木下地枠組みにボード類を張ったりする下地です。

木造軸組構法の壁構造

● 真壁　　　● 大壁

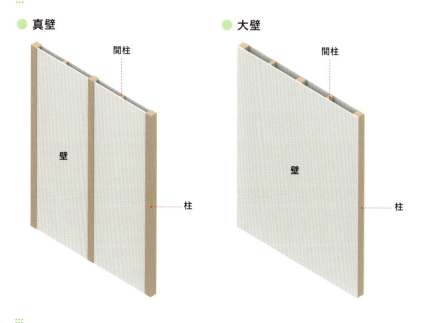

真壁は柱や梁などの構造材が見えるように収める日本の伝統的な壁の造り。大壁は柱や梁を壁の中に収める造り

木造壁下地の構造

木造壁下地は、木造住宅以外にも、マンションや鉄筋コンクリート造の住宅などの下地に使われる場合がある。プラスターボードとは、防火性、防音性の高い石膏ボード

軽量鉄骨下地はLGS工法とも呼ばれ、主に鉄骨造や鉄筋コンクリート造の建物で使われる工法です。天井と床に「ランナー」を設置し、「スタッド（間柱）」をスペーサーと振れ止めで補強し、その上に「プラスターボード（石膏ボード）」を張る下地です。

コンクリート壁下地の「GL工法」は、コンクリートの壁にダンゴ状の「ボンド（接着剤）」を均等に塗り、プラスターボードを直接圧着して下地を作る工法があります。下地処理を軽減できるほか、ランナーやスペーサーなどの下地を組むスペースがない場合でも適用できます。

LGS工法の下地

ランナー
スタッド
振れ止め
スペーサー

LGSとは「ライトゲージスタッド」の略。455（mm）ピッチまたは303（mm）ピッチの間隔にスタッドを配置する。施工性がよく、作業時間も短い。スタッドの形状には溝形、山形、Z形などがある（写真提供：デコール）

GL工法の下地

コンクリート壁
接着剤
プラスターボード

接着剤をはがした跡

GL工法は、壁に重量のあるものを取り付ける場合には強度が不足するため、部分的に補強した下地が必要になる。左はGL工法の概念図。右は躯体から下地をはがした後の様子（写真提供：デコール）

2-5-4 天井の下地

天井は高さだけではなく、形状によってインテリアの雰囲気を大きく変化させるため、インテリアデザインを考える上でも重要な要素です。

天井の形状には、平らな「平天井」や傾斜のついた「片流れ天井」をはじめ、「舟底天井」「折上げ天井」「掛込天井」のほか、建物の構造を生かしたものなどさまざまな形状があります。

また形状だけでなく、間接照明を設置するといったライティングによる演出もできます。

こうした天井の下地も壁と同様に「木造下地」と「軽量鉄骨下地」があります。下地は上部の構造体から吊り下げて設置します。これにより配管や配線、空調機器や照明器具を取り付けるスペースを確保するだけでなく、防音の効果も生み出せます。

RC造などで天井の躯体をそのまま見せる「スケルトン天井」では、下地を使いません。

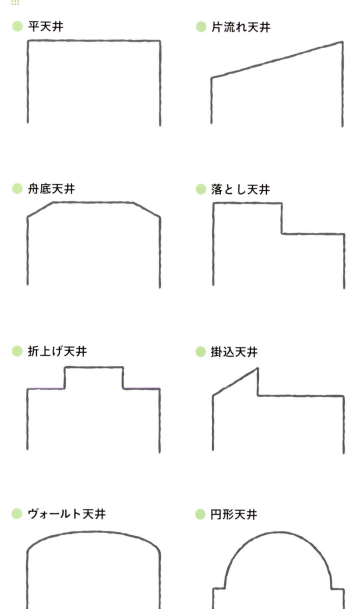

天井のさまざまな形状（断面図）

天井の形状によりインテリアのイメージも大きく変わる。形状に合わせた照明計画や設備配置の検討が必要となる

木造天井下地の構造

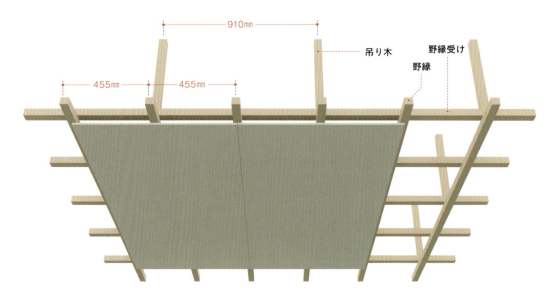

木造建物の一般的な下地構造で、吊り木、野縁、野縁受けで構成され、天井板やプラスターボードを張る。このほかに、天井板を載せた竿縁を野縁に取り付ける「竿縁天井」がある

軽量鉄骨天井下地の構造

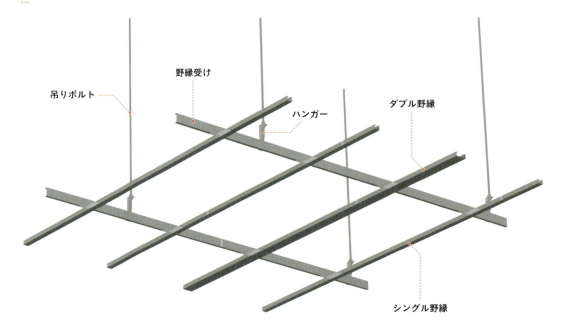

軽量鉄骨下地では、部材をクリップやジョイント材で設置していく。下地は基本的に天井仕上げを支える強度しかないため、重量のあるものを天井から吊るす場合は、重量物と構造体とを接続するなど補強を施す必要がある

2-5-5 建具の種類 ❶ 住宅などのドア

建築物のドアや窓など、開閉して使用する部分を総称して「建具（たてぐ）」といいます。建具にもさまざまな種類があり、建築物の構造や空間の構成、機能に合わせて仕様を選択します。

ドアには、1枚の扉を開閉する「片開き」や2枚の扉を開閉する「両開き」、大小2枚の扉を持つ「親子ドア」、横にスライドをさせる引き戸など、さまざまなタイプがあります。

ドアの構造

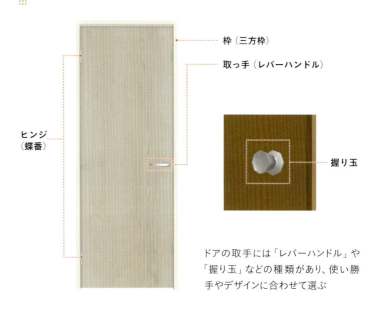

ドアの取手には「レバーハンドル」や「握り玉」などの種類があり、使い勝手やデザインに合わせて選ぶ

ドアの種類

● 片開き

● 両開き

● 親子ドア

● 引き戸

● 折り戸

扉の開く方向や開き方も考慮する。通路が狭い、扉を開くスペースがない場合などは引き戸タイプが有効になる。折り戸タイプはドアを開くスペースが少なく、広い開口部が欲しい場合に適している

扉の種類には「フラッシュ戸」「框（かまち）戸」「ガラス框戸」などがあります。

フラッシュ戸は框が表面に現れず、心材の表面に普通合板や化粧合板を張って一体としたもので、軽量で安価という特徴があります。框戸は框材で周囲を固めて中框や中桟を入れたもので、重厚でデザイン性が高いのが特徴です。

扉の種類

● フラッシュ戸

● 框＋鏡板

● 框＋ガラス

● ガラリ戸

ガラリ戸は平行の羽（ルーバー）を配置した扉で、目隠しをしながらも通気性が得られる

フラッシュ戸の構造

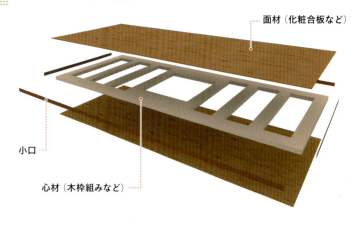

フラッシュ戸は、木枠組などの心材の両面に面材を張ったもの。製作が容易で変形が少なく、框戸に比べて安価であるため、広く使われている

2-5-6
建具の種類 ❷ 住宅などの窓

窓（引き違い窓）の構造

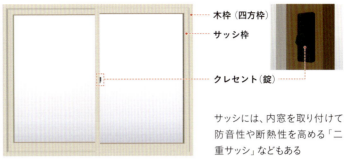

木枠（四方枠）
サッシ枠
クレセント（錠）

サッシには、内窓を取り付けて防音性や断熱性を高める「二重サッシ」などもある

「窓」には、空間内に空気を取り入れる「通気」や「換気」、光を取り入れる「採光」のほか、外の風景を見せるといった機能があります。

ドアと同様に、開閉方法や形にさまざまな種類があり、左右から開けられる「引き違い窓」をはじめ、ガラス戸が開閉できない「フィックス（はめ殺し）窓」、複数の水平になった細長いガラス板を回転して開閉する「ルーバー窓」、外に突き出した「出窓」などがあります。

このほかにも、外部に人が出入りできる大型の「掃出し窓」や、腰の高さにある「腰窓」といった種類の窓もあります。

窓の種類

● フィックス（はめ殺し）窓

● ルーバー窓

● 上げ下げ窓

● 横すべり出し窓

● 縦すべり出し窓

● 天窓

フィックス窓を「はめ殺し窓」、ルーバー窓を「ジャロジー窓」ともいう。防犯用に面格子やシャッターを取り付けることもある

窓の種類（つづき）

● 掃出し窓　　　● 腰窓　　　● 出窓

窓サッシにはアルミ製のサッシが多く使われているが、寒冷地では断熱性が高い木製のサッシも用いられる。木製サッシは木の質感も味わえる

2-5-7 建具の種類 ❸ 商業施設などのドア

店舗入口で使用されるドア

● 自動ドア

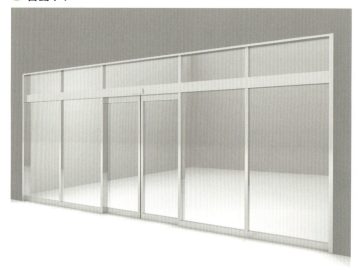

商業施設などで一般的に使用されている自動ドア。ドアに触れると開くものもある

　店舗や施設向けの出入り口ドアには、「自動ドア」や「テンパードア」などがあります。

　テンパードアとは、強化ガラス（標準12mm厚）のドアで、「タフライトドア」とも呼びます。ガラスは一般的なフロート板ガラス（P.126）の3〜5倍の強度があり、ヒンジや留金を直接ガラスに取付けることができます。ガラスだけで構成した開放的な空間を作れます。

「スイングドア」は扉を上下で固定して前後方向に開閉するドアで、よくスーパーマーケットなどの売場と後方スペース（倉庫や事務所があるバックヤード）の出入口に使用されています。

このほか、天井から吊った引き戸タイプの「スライドドア」があります。これらは床面に障害物がなく、開けた後は扉が自動的に閉じるため、商品の搬入がしやすく、出入りがスムーズにできるようになっています。

● テンパードア

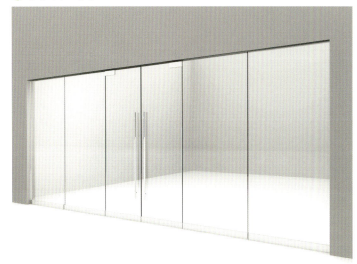

テンパードアは、枠のないドアを作ることが可能。バスルームなどにも使われる

店舗後方（バックヤード）で使用されるドア

● スイングドア

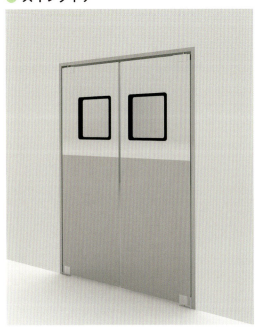

● スライドドア

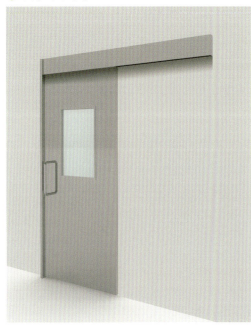

スイングドアはステンレスなど衝撃に強い素材で作られており、台車で扉を押して開けることができる。スイングドアは店舗以外に医療・福祉施設、工場などでも使われている

2-5-8 床の仕上げ ❶ フローリング

フローリング床の構造

303mmピッチ（間隔）の根太の上に厚さ12mmの合板を張り、その上にフローリングを張るのが一般的な施工方法

さまざまなフローリング床材

● 単層フローリング

● 複層フローリング

● パーケット

フローリングは長さが1820mm、幅が75〜90mmが標準のサイズ。幅は60〜200mmなど種類がある

床の仕上げ材には、「フローリング」や「カーペット」をはじめ、「樹脂材」「タイル」などがあり、それぞれ加工方法や材質などの違いがあります。

「フローリング」は木質系の床材で、一定の大きさの板をつなぎ並べたものです。無垢の一枚板を加工した「単層フローリング」と、薄くスライスした単板を合板などに張り合わせた「複合フローリング」の2種類があります。

単層フローリングは、無垢材の自然な風合いがあり、複合フローリングは伸縮や反りなどの変形が生じにくいという特徴があります。

そのほかの加工法として、小さな木片を一定のパターンに組み合わせて張る「パーケット」があります。

床の張り方には「乱尺（らんじゃく）張り」「りゃんこ張り」や、パーケットでは「市松張り」や「ヘリンボーン」といった種類があり、それぞれのパターンで床の表情が変わります。

床は板などを接いで張ります。フローリングに用いる板などは実（さね）加工（板の側面に加工する突起と溝）されているものが多く、「本実接ぎ」や「相欠き接ぎ」などの方法で接いでいきます。

フローリングの張り方

● 乱尺張り

● りゃんこ張り

「乱尺張り」は、長さの違う木をランダムに張り合わせて継ぎ目を不規則にする張り方で、フローリングがラフな印象となる。
「りゃんこ張り」は、同じ長さの木を一定の規則でずらして張る方法で、フローリングが整然として堅い印象となる

パーケットの張り方

● 市松張り

● ヘリンボーン

パーケットは「寄せ木張り」とも呼ばれる。「ヘリンボーン」とは魚のニシンの骨に見立てて名付けられた名称。装飾性が高く、クラシックな雰囲気に仕上がる

床板の接ぎ方

● 本実接ぎ（ほんざねつぎ）
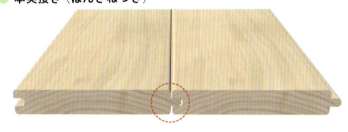

● 相欠接ぎ（あいかきつぎ）

「本実接ぎ」は板の側面に溝と突起部分を作り、差し込んで接ぐ方法。「相欠接ぎ」は、板の側面をそれぞれ半分削り、噛み合わせて接ぐ方法。実加工は、継ぎ目が強固になり収縮による隙間や板の反りやねじれを防げる。実部分に斜めから「隠し釘」を打ち、下地に固定する。仕上がった後は外側から釘が見えない

2-5-9 床の仕上げ ❷ カーペット

カーペット床の構造

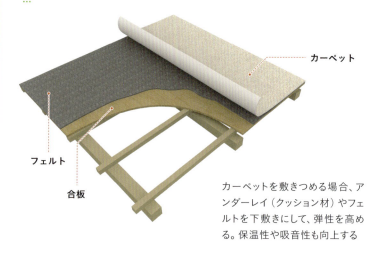

カーペットを敷きつめる場合、アンダーレイ（クッション材）やフェルトを下敷きにして、弾性を高める。保温性や吸音性も向上する

カーペットは、表面が柔らかく安全性や保温性、防音性が高い床材です。さまざまな種類があり、製法や素材、デザインなどにより分類されます。

製法では「刺繍」や「織物」「圧着」などがあり、素材では「絹」「ウール」「麻」「綿」などの自然繊維のほか、「レーヨン」「ナイロン」「アクリル」などの化学繊維があります。

さらに、素材や製法が同じカーペットでも表面の「パイル形状」の処理方法により、「カットタイプ」「ループタイプ」「カット＆ループタイプ」などがあり、見た目や感触などが異なります。

カーペット表面のパイル形状の種類

● カットタイプ　　● ループタイプ

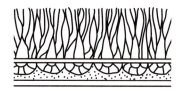 

カットタイプは肌触りが柔らかく、繊維の断面が微妙な色の変化を生み出す。ループタイプは弾力性、耐久性があり、織り方により表情が変化する。カット＆ループは両方の特性を持ち、装飾性も高い

5 インテリアの構造と仕上げ

カーペットを床に固定する方法には、「グリッパー」という上向きのピンが取り付けられた木片に、カーペットの端部を引っ掛ける方法をはじめ、壁仕上げの裏面に立ち上げる方法、「メタルモールディング」などの金物で押さえる方法などがあります。

カーペットを450mm角や500mm角といった一定の寸法に切断してタイル状にした「タイルカーペット」は、裏面が加工されたタイルを敷き詰めるか接着剤で固定します。タイルカーペットは部分的な張り替えができるほか、色を組み合わせてパターンをデザインできます。

カーペットの固定方法

● グリッパー工法

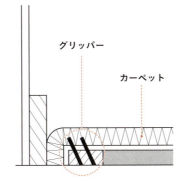

● 立ち上げ工法

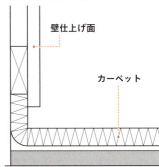

● メタルモールディング工法

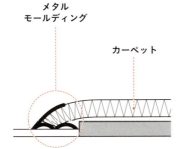

最も一般的なグリッパー工法は、カーペットを適度に伸ばして引っ掛けるため、カーペットが安定する。カーペットとほかの種類の床材が接する場所では、メタルモールディング工法が用いられる

ロールカーペットとタイルカーペット

● ロールカーペット

● タイルカーペット

全体に敷き詰めるロールカーペットに対して、タイルカーペットは部分的に張ることが可能。後者は、異なるカラーを組み合わせたり、市松模様などのパターンを作ったりすることで表情に変化を出せる。また、汚れた部分だけを張り替えられるのでメンテナンスもしやすい（写真提供：サンゲツ）

2-5-10 床の仕上げ ❸ 樹脂材床

樹脂材タイル床の構造

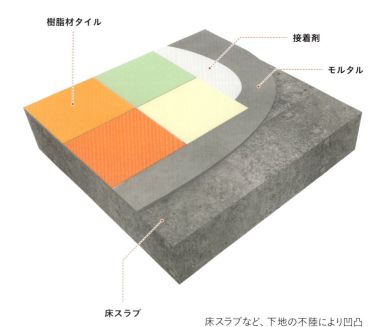

床スラブなど、下地の不陸により凹凸が出やすいため、モルタルなどで平たんにする下地処理が必要。しっかりと固定するために「プライマー」などの接着剤を塗布する

樹脂系の床材とは、プラスチック、塩化ビニル、ゴムなどでできたものを指します。形状は、タイル状とシート状のものがあります。

一般的な床タイルには、Pタイル（プラスチック）と塩ビフロアタイル（塩化ビニル）があります。

Pタイルは耐摩耗性に優れており、カラーバリエーションも多く、かつて主流のタイルでしたが、現在は塩ビフロアタイルを使うことが多くなっています。

塩ビフロアタイルは、耐久性や防水性があり、施工がしやすいのが特徴です。表面が木目調や石目調にデザインされたものもあり、住宅、商業施設、学校、オフィスなどに採用されています。

樹脂材タイル床の施工例

タイルにはさまざまな色やデザインがあるため、さまざまな色の組み合わせやパターン構成が可能。タイル同士を突き付けて張るほか、タイルの間に専用の目地棒を挟んでパターンが作れる

ビニル系床シートは、張り合わせの目地部分を溶着（溶剤を用いて溶接する）できるため、継ぎ目のない床面が作れます。接ぎ目がないので、水回りや、汚れやすく頻繁に清掃が必要な場所などに用いられることが多い材料です。

発泡層のあるタイプとないタイプがあり、住宅で多用されている発泡層のある床シート材は「クッションフロア」と呼ばれています。一方、発泡層のない「長尺ビニルシート」は、病院や公共施設などで多く用いられています。

施工後はつや出しや保護のため、ワックスを塗って仕上げることもあります。

樹脂材シート床の構造

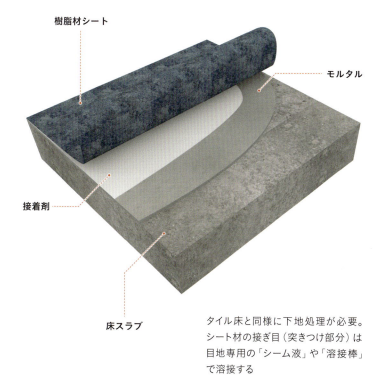

タイル床と同様に下地処理が必要。シート材の接ぎ目（突きつけ部分）は目地専用の「シーム液」や「溶接棒」で溶接する

樹脂材シート床の施工例

洗面化粧室などで多用されるビニル系床シート。床シートは、用途に応じて性能が異なり、店舗や公共施設など、多数の人が歩行する場所に使われる耐久性が高いシートを「重歩行用」という

2-5-11 壁の仕上げ

壁面の下地処理方法

プラスターボードを固定するビスの頭や接ぎ目部分に張った寒冷紗の上からパテを塗って平らにする。壁の状態によっては全面にパテを施す場合がある。表面の仕上げはパテが完全に乾いてから行う

壁面の仕上げでは、「プラスターボード下地」の場合、LGS（軽量鉄骨）にボードを固定するために打ち付けたビスの頭を平らにするため、パテを塗ります。ボードの接ぎ目は「寒冷紗（ファイバーテープ）」（粗く平織りに織り込んだ布）を張って強度を上げます。さらに、その上にパテを塗って目立たなくすることもあります。

コンクリート下地の場合は、シーラー処理（下塗り用の塗料）をします。仕上げの種類には「塗装仕上げ」「タイル仕上げ」「クロス仕上げ」などがあります。

壁表面の塗装方法には、「コテ塗り」や「吹付け」「ローラー塗り」など材料によりさまざまな方法があります。

壁面の仕上げ方法

● 塗り壁

● 吹付け塗装

● ローラー塗り

● タイル仕上げ

● クロス（壁紙）仕上げ

漆喰（しっくい）や珪藻土（けいそうど）などを使った「塗り壁」や、コンプレッサーを使い塗料を霧状にして吹き付ける「吹付け塗装」「刷毛塗り」「ローラー塗り」「タイル仕上げ」「クロス（壁紙）仕上げ」がある。それぞれ目的や機能に応じて使い分ける（写真提供：デコール）

2-5-12 天井の仕上げ

天井の仕上げは、塗装やクロス仕上げなどを用いて壁の仕上げを揃える場合と、天井材を張る場合があります。

天井材には木材を使用した木質系の「羽目板(はめいた)天井」や「網代(あじろ)天井」があります。網代天井は、杉皮、檜皮、竹皮などを編んだものです。

無機質系では化粧石膏ボードの「ジプトーン」や「ロックウール板」「ケイ酸カルシウム板」などがあり、下地材にこれらの化粧板を張って施工します。張るだけでよいので、施工性やメンテナンス性に優れ、オフィスや商業施設で多く使われています。

天井の仕上げ材

● 羽目板天井

● 網代天井

● ジプトーン

● ロックウール板

網代天井は「矢羽根」「市松」「石畳」などの編み方があり、茶室や床の間の天井に使われる。ロックウール板は不燃性で、吸音性に優れている

---

column 内装の化粧材「モールディング」

内装の化粧材の1つに「モールディング」があります。
モールディングは、凹凸のある棒状の材料を天井の廻縁や幅木に使用することで、高級感のある室内装飾を施せます。廻縁を「クラウン」、幅木を「ベースボード」、建具廻りの額縁は「ケーシング」といいます。

- クラウン
- ケーシング
- パネリングキャップ
- パネリング
- ベースボード

Chapter 2

6　インテリアの材料

インテリアに使用される材料には木や金属、ガラス、樹脂などさまざまな種類があります。材料にはそれぞれの特性をはじめ、色や質感、温かさ／冷たさ、硬質／軟質といったイメージがあり、同じ材料でも異なります。こうした点を理解し、適材適所を考えて使用することが重要です。

2-6-1
木材

　自然素材の木材は、温かみと優しさを感じさせてくれる素材で、インテリアに最も多く使用されています。

　木材は熱を伝えにくく、保温性がよい、調湿・吸湿性がある、軽く加工しやすい、といった長所があります。一方で、燃えやすい、腐りやすい、節やねじれがあるため、強度にムラがある、乾燥による割れや変形が生じる、自然材なので均質な物を量産できないという短所があります。

　樹木には数多くの樹種があり、大別すると「針葉樹」と「広葉樹」とに分けられます。

　針葉樹は常緑樹で葉が細くとがっており、幹がまっすぐに伸びて

：：：代表的な針葉樹の木目と色

● ヒノキ

白色系。建材、浴槽などに使用。強い芳香と特有の光沢があり、耐水性、耐候性に優れる

● スプルス

白色系。建材や家具などに使用。強度が高く、加工、仕上がりもよい。耐久性はやや劣る

● パイン

黄色系。造作材や家具に使用。狂いが少なく加工性がよい。光沢があり仕上がりが美しい

● ベイマツ

黄色系。建材や合板などに使用。高強度で加工性がよい。樹脂成分が多く、年輪が明瞭

：：：代表的な広葉樹の木目と色

● シナ

白色系。家具や合板などに使用。狂いが少なく表面は平滑。加工性がよいが耐久性が低い

● キリ

白色系。家具などに使用。軽く柔らかで木肌が美しい。狂いが少なく、防湿性がある

● ホワイトアッシュ

白色系。内装材や家具などに使用。加工しやすく衝撃や摩耗に強い。耐久性もよい

● タモ

白色系。内装材や家具などに使用。硬く割れにくい。加工性がよく表面仕上げも容易

いる樹木です。「軟木（やわぎ）」と呼ばれ軽くて柔らかく、加工がしやすく、構造材のほか、造作材、建具材などに使用されます。

広葉樹は落葉樹が多く、枝葉を縦や横に広げて生育する樹木です。木目の形状や大きさがさまざまで表情が豊かなため、木目を生かして家具などに多く使用されます。広葉樹は「硬木（かたぎ）」と呼ばれ、重くて硬く強度があり、傷が付きにくいため、家具や建具、突き板などにも使われます。

インテリアに木を使用する場合、木目のほかに色合いを考えることも大切です。木には白や黄、赤、黒などの色合いがあります。同じ木でも色味の違いがあるほか、使い続けるうちに深みのある色に変化するなど、表情の違いを生かせる素材です。

● メープル

白色系。内装材や家具に使用。木質は緻密で硬く加工しにくい。光沢があり木目が美しい

● セン

白色系。家具や合板などに使用。柔軟で加工しやすい。木目がケヤキに似ている

● ブナ

白色系。脚物家具などに使用。木質が稠密で硬く美しい。粘りがあり曲木加工に向く

● オーク

灰色系。床材や家具に使用。硬く重い材だが加工性がよい。柾目面に虎斑模様がある

● ナラ

灰色系。内装材や家具などに使用。肌目が粗く、硬くて強度がある。曲木加工にも向く

● クルミ

灰色系。内装材や家具などに使用。重硬で衝撃に強い。狂いが少なく加工や着色が容易

● ケヤキ

黄色系。造作材や家具などに使用。硬く光沢がある。狂いが少なく耐久性が高い

● チーク

黄色系。内装材や家具などに使用。世界三大銘木。高耐久性で加工や仕上げが容易

● マホガニー

赤色系。内装材や家具などに使用。世界三大銘木。光沢があり美しく、加工しやすい

● チェリー

赤色系。内装材や家具などに使用。高強度で艶出し材を使用すると仕上がりが美しい

● カリン

赤色系。内装材や家具などに使用。硬くて重く高強度。美しい木肌は磨くと光沢が出る

● ブビンガ

赤色系。内装材や家具などに使用。高強度で硬く重い。耐摩耗性が高く害虫に強い

● ローズウッド

赤色系。内装材や家具などに使用。独特の色調で磨くと美しい。硬く、耐候性が高い

● ウォールナット

黒色系。内装材や家具などに使用。世界三大銘木。濃淡のある木目縞が美しい

● ウェンジ

黒色系。内装材や家具などに使用。装飾的価値が高い。高強度で衝撃や曲げに強い

● 黒檀

黒色系。家具や床柱に使用。木質が稠密で、重厚で硬く、耐久性に優れている

2-6-2 木材の構造と性質

樹木の幹は、外側の「樹皮」、中心部の「髄(ずい)」、樹皮と髄の間の「木部」で構成されています。樹木を切断し製材したものが木材です。

幹に直角に切断した面を「木口(こぐち)」といいます。また、幹を年輪の接線方向に切断した場合に現れる「木理(もくり)」を「板目(いため)」といい、年輪に直角に切断した場合に現れる木理を「柾目(まさめ)」といいます。

樹木から柾目や板目など、必要な寸法の木材を製材することを「木取り」といいます。

木取りする場所により木材は柾目と板目に分かれ、それぞれ違った特徴があります。板目には表と裏があり、板目材の樹皮側を「木表(きおもて)」、内側を「木裏(きうら)」といい、木目の美しさや反りを考慮して使い分けられます。

木口の中心部分の赤味がかった部分を「心材」、心材と樹皮の間の部分を「辺材」といいます。

木は水分を含んでいるため、乾燥によって収縮し、曲がりやそり、ねじれなどの変形が生じます。木材の変形を軽減するため、自然乾燥や人工乾燥させて使用します。また、板の変形を防ぐ施工方法もあります。

樹木の構造

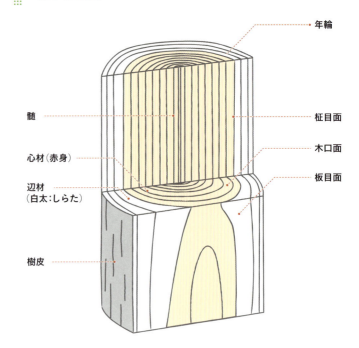

樹木は部位だけでなく、木材を切り出す方向などにより柾目や板目などに分類され、表情や性質などが異なる

板目と柾目の木取り方法

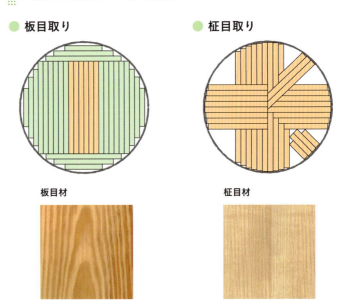

木取りでは原木から無駄なく板や正角(小口が正方形)材、平角(断面が長方形)材を取れるように計画して材を切り出す。図の緑の部分が板目材、オレンジ部分が柾目材。柾目材は変形が少なく良材だが、1本の丸太から取れる量は少ない

木表と木裏

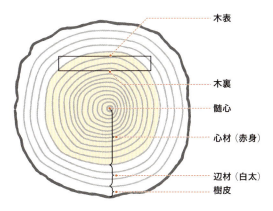

木表は木裏に比べ木目が美しく、表面材に使用する。逆に外部で使用する場合は、心材の腐りにくい特性を生かして木裏を仕上面にすることがある。心材は水分が少なく硬質で狂いが少ない。一方、辺材は含水率が高いため、乾燥による変形が生じやすい

乾燥による木材の変形

木材を取る部分と取り方により、乾燥後の変形に違いがある。柾目板は均一に収縮するため、変形は小さく、板目材の場合は木表側がへこむ変形が生じやすい

木材の面の変形

● 曲がり

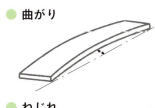

● そり

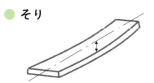

● そり

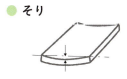

● ねじれ

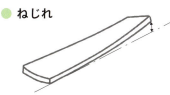

● ダイアモンド

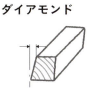

木材は乾燥するにつれて収縮する性質があり、幹の方向や部位により収縮の割合が違うため、さまざまな変形が生じる

変形を防止する施工方法

● 板同士を接ぐ

● 堅木の方向を互い違いにする

● 「すいつき桟（さん）」の使用

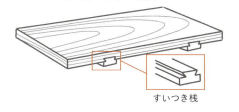

すいつき桟

乾燥による変形を防ぐため、板同士を接ぐ方法のほか、反りや曲がりの方向を互い違いに並べる方法、「すいつき桟」などの矯正材を使用する方法などがある

2-6-3 加工木材とその種類

1本の原木から角材や板を必要な寸法に切り出したものを「無垢（むく）材」といいます。これは木本来の質感や風合いがありますが、乾燥や吸湿による縮みや膨らみなどの変形が生じます。

一方、薄くスライスした板や角材、木片などを接着剤で張り合わせたり、接着、成形したものを「加工木材」といいます。これは、板の変形による「あばれ（変形による狂い）」が発生せず、強度が高いなど、木材（無垢材）の欠点を補正した材料です。

加工木材には、「合板」や「LVL（単板積層材）」「集成材」「パーティクルボード」などがあります。

さまざまな加工木材

● 合板

板木材を薄くスライスしてできた単板（ベニヤ）を、繊維方向が互いに直交するように重ね、接着剤を塗布して張り合わせたもの。写真右は断面

● LVL（単板積層材）

単板の繊維方向を平行に積層接着することで、縦方向の強度を高めたもの。家具の芯材やドア枠などに多く使用する

● 集成材

小角材などを繊維方向を互いに平行にして、長さ、幅の方向に集成・接着したもの。テーブル甲板、カウンターなどに多く使用する

● パーティクルボード

木材を小さな木片に粉砕して乾燥させ、接着剤を添加したものを熱圧をかけて板状に成形し、研磨したもの。目が粗く内部に空気を含むため、断熱性・遮音性に優れる。壁や床の下地材に使われるほか、表面に化粧板を張り家具などに使用する

● ファイバーボード

木材繊維を成形したもの。「繊維板」とも呼ばれる。製造工程と比重により「ハードボード」「MDF」「インシュレーションボード」に分類される。比重の軽いMDF（中質繊維板）（写真）は家具に多く使われる

合板の表面に塗装や突板（つきいた：薄くスライスした天然木板材）を張り付けるといった、表面処理を施したものを「化粧合板」といいます。品質が安定し、変形が少なく、塗装の手間も不要で、天然木の美しさやデザインを低コストで得られるなどの理由から主に内装や家具の仕上げ材に使われます。

化粧合板には、突板を張り付けた「天然木化粧合板」と、天然木の木目模様などを印刷したプラスチックを張り付けた「特殊加工化粧合板」があります。

こうした加工材には接着剤が使用されています。接着剤には人体に有害な「ホルムアルデヒド」が含まれており、JAS（日本農林規格）により放散量基準が定められています。

木質系材料のホルムアルデヒド放散量は「F☆☆☆☆」〜「F☆」でランク分けされており、最も少ないのが「F☆☆☆☆」です。シックハウス（建築物の影響による健康被害の総称）の観点から、放散量の少ない材料を選びましょう。

化粧合板

● 突板（つきいた）

化粧合板は、天然木を薄くスライスした突板をベニヤなどの合板に張り付けて作る

● 突板の張り方

追張り

抱目（だきめ）張り

ミスマッチ張り

突板の張り方にはさまざまな手法があり、見え方や印象が大きく変わる。代表的な張り方に「追張り」「抱目張り」「ミスマッチ張り」などがある

● 特殊加工化粧合板の施工例

カウンター

什器

特殊加工化粧合板は、天然木以外の表面処理加工を行ったもので、カウンターテーブルや什器などに用いられる。メラミンやポリエステル樹脂を合板表面に熱圧着した「合成樹脂化粧合板」、合板の表面に模様や木目を印刷した「プリント合板」、各種塗料による「カラー塗装合板」、塩化ビニールを合板に張った「塩ビ化粧合板」、紙や布類の「オーバーレイ合板」などがある（写真提供：ノード）

2-6-4 金属

インテリアの材料として使用される金属には、「スチール」(鋼)をはじめ、「ステンレス」「アルミニウム」「銅」などがあります。

金属材料は、一般的に強度が高く弾性があり、形状にばらつきがなく加工しやすいといった特徴があります。ただし、酸化しやすく錆びやすいので防錆のための表面処理が必要です。

インテリアで使用される金属材料には、「丸」や「角」のパイプ類、「アングル」や「C形」の棒材、「薄板」「パンチングメタル」などの板材があります。

こうした材料は、プレス加工や溶接、表面処理などが施され、内装材や内装部品、家具や家具金物などの製品になります。

さまざまな金属材料

● パイプ

丸パイプ

外形や肉厚などにさまざまな種類がある。インテリアでは、家具や什器のフレーム、ハンガーパイプなどに使用

角パイプ

丸パイプ同様、家具や什器などのフレームに使用する

● 棒材

フラットバー

曲げ加工のないフラットな棒材。フレームや見切り材(仕上げ材の接ぎ目などに使う材)などに使用

アングル

平板の棒材をL型に曲げたもの。フレームや棚受けのほか、コーナー処理、補強材などに使用する

C形

平板の棒材をC字形に曲げたもの。フレームやレール、目地、小口処理などに使用

● 板材

薄板

板状の金属。そのまま表面に張るほか、曲げ加工などを施して使用する

パンチングメタル

金属板に穴を開けたもの。穴の形状やデザイン、大きさにはさまざまな種類がある。光や風を通すなどの機能性もある

スチールは鉄と炭素の合金です。含有する炭素量の違いで、「極軟鋼」（表面材など）、「軟鋼」（家具金物、構造材）、「硬鋼」（スプリング）などに分けられます。炭素量が少ないほど強度が低くなり、加工しやすくなります。

スチールは錆びやすいため、「焼き付け塗装」や「メッキ処理」といった表面加工が必要です。

一般的な焼き付け塗装の「メラミン焼付塗装」は、メラミン樹脂を高温で加熱硬化させる塗装方法で、硬度が高く塗膜も厚いため、傷がつきにくく耐候性に優れています。

「メッキ処理」は金属皮膜を作ることで耐蝕性、装飾性を高める方法で、「クロムメッキ」や「金メッキ」などさまざまな種類があります。

ステンレスは鋼にクロムやニッケルを加えたもので、耐蝕性に優れた特殊鋼です。もっとも代表的な「18-8ステンレス」は、18%のクロムと8%ニッケルを含有したもので、キッチンカウンターやシンク、椅子のフレームなどにも用いられています。表面仕上げの種類には、「鏡面」「ヘアライン」「ブラスト」「バイブレーション」などさまざまなものがあり、それぞれ表情が異なります。

アルミニウムは軽く、加工性がよい合金で、表面を「アルマイト加工」することで耐蝕性を高くできます。

アルミニウム材には「展伸材」と「鋳造材」とがあります。展伸材はプレスや押出し加工用の材料で、テーブルのエッジ、カーテンレールなどに用いられます。鋳造材は椅子の脚や肘掛け、テーブルのベースなどに用いられます。

スチールの表面加工

● 焼き付け塗装

● クロムメッキ

焼き付け塗装はさまざまな色で塗装できるほか、ツヤの有無も変えられる。クロムメッキは装飾性、耐蝕性が高い塗装方法

ステンレスの表面加工

● 鏡面

鏡のように歪みのない、光沢のある表面仕上げ。高級感がある

● ヘアライン

髪の毛のように見える長く連続したラインで直線的に研磨した仕上げ。最も一般的

● ブラスト

表面に細かい金属やガラスの粒を当てて、凹凸のある梨地に仕上げる。ソフトな印象になる加工

● バイブレーション

直線的ではなく、さまざまな方向にヘアラインを施す仕上げ。落ち着きのある独特の風合い

アルミニウムの展伸材と鋳造材

● サッシのエッジ（展伸材）

● テーブルのベース（鋳造材）

展伸材はアルミニウムを押し出して加工するもので、複雑な断面形状を作れる。鋳造材は金型にアルミを流し込んで固めたもの

2-6-5 プラスチック

プラスチックは軽くて丈夫、水や電気を通さず、衛生的にも優れている材料です。着色性や透明性があり、加工しやすいので、インテリアにも多く用いられています。

プラスチックの種類は加熱すると軟化し、冷却すると硬化する「熱可塑性樹脂（ねつかそせいじゅし）」と成形後再び加熱しても軟化しない「熱硬化性樹脂（ねつこうかせいじゅし）」に大別できます。

インテリア材料に用いられるのは、熱可塑性樹脂では「塩化ビニル」や「アクリル」、熱硬化性樹脂では「ポリエステル」や「メラミン」などがあります。

プラスチックで形状を作る成形方法には、「射出成形」や「押出成形」をはじめ、「中空（ブロー）成形」「真空成形」「圧縮成形」などがあります。それぞれに特徴があり、作る製品や部品に合わせて適した方法が使われます。

さまざまなプラスチックの成形材

● 熱可塑性樹脂

塩化ビニル樹脂	通称「塩ビ」。安価で耐熱性、耐水性、耐摩耗性などに優れる。インテリアではソファの合成皮革や壁紙、幅木、床材などに用いられる
アクリル	着色性、耐候性に加え、ガラスに匹敵する透明度の高い樹脂。レンズなどの光学製品や照明器具、ガラスの代用として使われる。インテリアでは椅子やテーブルなどの家具のほか、カーペット繊維にも使われる
ポリエチレン	炭素と水素からできた合成樹脂。成形しやすく食品容器や包装用フィルムなどさまざまな用途に使えるため、生産量が多い。家具では引き出しのレールやブロー成形の椅子などに用いられる
ポリプロピレン	ポリエチレンより軽量で耐熱性や防湿性に優れる。インテリアではブロー成形の椅子のほか、衣装ケースやカーペット繊維に使われる
ABS樹脂	耐衝撃性、耐熱性、耐薬品性に優れるほか、加工しやすく光沢があるため、家具材に適している。引き出しや椅子のシェル、椅子やテーブルの回転機構部（リンク）のカバー、電気器具などに用いられる
ポリアミド（ナイロン）	衝撃に強く、耐摩耗性や耐薬品性があり、潤滑性にも優れているため、椅子の脚先キャップやキャスターの車輪のほか、カーペットの繊維にも使われる
ポリカーボネート	耐熱性が高く衝撃にも強い透明な樹脂。間仕切りや建具、照明器具など、安全ガラスの代替品として使用される

● 熱硬化性樹脂

ポリウレタン	硬質発泡体は椅子の芯材や家具の構造材に、軟質発泡体はマットレスや椅子のクッション材として多用される。高級家具用の塗料や合成皮革としても使われる
ポリエステル	強度が高く、耐摩耗性、耐熱性、弾性力がある樹脂。そのままでも使用されるほか、ガラス繊維を混ぜて強化した「FRP」は、浴槽や防水パン、椅子のシェルなどに使われる。化粧紙と合板などを張り合わせてポリエステル樹脂を塗布し、フィルムで覆って硬化させた「ポリ化粧合板」（ポリ合板）は、ドアや家具などに使われる
メラミン	表面が硬く、耐熱性、耐薬品性、耐水性に優れる。色や柄を印刷した化粧紙に、メラミン樹脂、フェノール樹脂をそれぞれ含浸させたものを表面の仕上げ材に使用し、高温高圧で積層形成した「メラミン化粧板」は、傷に強く焦げにくいといった特徴があるため、キッチンのワークトップや家具などに用いられる

着色されたアクリル板

さまざまな加工のポリエステル合板

さまざまな加工のメラミン化粧版

プラスチックの成形方法

● 射出成形

完成品例

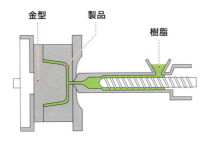

溶けた樹脂を射出機から金型の中に射出、圧入して成形する方法。比較的小さな部品を作る際に多く使用される

● 押出成形

完成品例

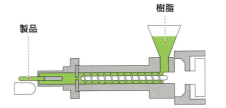

溶けた樹脂を金型から連続して押し出して成形する方法。パイプや管などを作る際に使われる。1種類の金型からは1種類の断面形状だけしか作れない

● 中空（ブロー）成形

完成品例

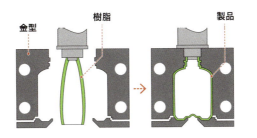

溶けた樹脂を金型ではさみ、中に空気を吹き込んで成形する方法。椅子の座面やペットボトルの成形に使用される

● 真空成形

完成品例

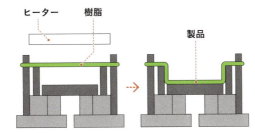

シート状の樹脂を加熱し、空気を吸い出すことで型に吸い付けて成形する方法。照明器具のカバーやトレーなどの成形に使用される

● 圧縮成形

完成品例

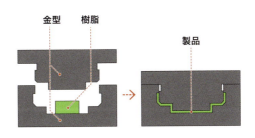

金型の中に樹脂を入れ、加熱、圧縮して成形する方法。立体的な成形品を作成できる。キャップ状、ボウル状、皿状などの製品を作る際に使用される

2-6-5

2-6-6 ガラス

ガラスは窓や建具などの建築部品や家具などの部品として多く使われていますが、室内装飾や内装材としての利用も増えています。

ガラスには、透明なものだけでなく、加工の方法により、半透明や不透明のもの、着色されたものもあります。また、強度を向上させたものや断熱効果を持たせたもの の、模様を施した装飾性の高いものなど、さまざまな種類があります。

ガラスは、その形状で「板ガラス」や「結晶化ガラス」「形成ガラス」などに分類できますが、インテリアで使用されるガラスのほとんどは板ガラスです。

板ガラスには、一般的な「透明フロート板ガラス」をはじめ、ガラ

さまざまなガラス（板ガラス）

● 透明フロート板ガラス

特徴
一般的なガラス。平面精度が高く透過性に優れる。2次加工によりさまざまな機能や装飾が付加される。厚みには、2、3、4、5、6、8、10、12、15、19mmの10種類がある

用途
窓ガラスをはじめ、ガラステーブルトップ、棚板、棚扉など

● 型板ガラス

特徴
表面の片側に型模様を付けたガラスで、光を通し視線を遮る。厚みには2、4、6mmのものがあり、「梨地（なしじ）」（写真）や「霞（かすみ）」などの模様の種類がある

用途
玄関や浴室など視線を遮りたい開口部や室内の間仕切りなど

● 網入り板ガラス

特徴
強度の向上や飛散防止のため、ガラスに金網（ワイヤ）を封入したガラス。透明または型板ガラスがあり、網のパターンには菱形とクロス形、厚みには6.8mmと10mmの2種類がある

用途
天窓（トップライト）などの高所や防火戸（防火設備）

● 熱線吸収／熱線反射板ガラス

特徴
赤外線吸収や太陽光反射により室内の冷房効率を高めるガラス。熱線吸収板ガラスは、ガラスに金属を加え着色し、赤外線を吸収する。熱線反射ガラスは、表面にごく薄い金属膜の加工を施して太陽光を反射する。ガラスの色には、ブルー、グレー、ブロンズがある

用途
太陽光が強い、またはよく差し込む室内窓など

ス表面の片方に型模様を施した「型板ガラス」、ガラス内に金網（ワイヤ）を封入した「網入り板ガラス」などがあります。

また、原料のガラスに金属を加え着色し、熱線を吸収、または反射する効果を持たせた「熱線吸収／熱線反射板ガラス」、2枚の板ガラスで空気層を挟み断熱性を向上させた「複層ガラス（ペアガラス）」、板ガラスに熱処理を加えて強度を増した「強化ガラス」といった機能性のあるガラスもあります。

「エッチングガラス」は、ガラス表面を硫酸などで腐食させて模様を施したガラスで、装飾を目的としたものです。

● 複層ガラス（ペアガラス）

特徴
スペーサーと呼ばれる金属部材で2枚のガラスの間に薄い空気層を作り、断熱性能を向上させたガラス。冷暖房効果を向上させ結露を軽減できる。断熱性や遮音性、防火性などを高めたものもある

用途
屋外に面した室内窓など

● 強化ガラス

特徴
板ガラスを熱処理加工したもので、同厚のフロート板ガラスと比較して3〜5倍の強度を持つ。割れてもガラスが細かく砕けるため、破片によるケガを軽減できる

用途
窓ガラスやガラステーブル、店舗のディスプレイや棚板など

● エッチングガラス

特徴
表面に模様を施したもの。硫酸などの薬品でガラス表面を腐食させて模様を施す。また、板ガラスに圧縮空気と研磨剤（砂や鉄粉）を吹き付ける「サンドブラスト」工法で、表面にレリーフ状の立体的彫刻を施したものもある

用途
店舗玄関の窓など

● ガラスブロック

特徴
2個のコの字形ガラスを溶着して中空にしたブロック。遮音性、断熱性、防火性などに優れる。採光が必要な壁や天井、間仕切りなどに用いられ、柔らかで均一な光を取り入れられる

用途
床、壁、天井など

2-6-7 タイル

粘土などを焼いて作るタイルは耐候性、防火性、防水性、耐薬品性に優れ、寸法精度や品質精度が高く、カラーバリエーションやデザインも豊富で、幅広い用途で使われる材料です。

外装用、内装用、床用など、性能面や機能面に違いがあるため、使用目的に合わせたタイルを選ぶことが重要です。

住宅では水回りに使用されることが多いタイルですが、調湿機能や消臭効果などの機能を持ったタイルを、空間の演出も兼ねてリビングや寝室の壁に使うことが増えています。

タイルは焼成温度によって磁器質、炻器（せっき）質、陶器質に分けられ、焼く前に表面に塗る釉薬（ゆうやく、うわぐすり）の有無によって、施釉タイルと無釉タイルに分けられます。

タイルの形状にもさまざまな種類があります。

インテリアに使用するタイルの大きさは、一般的に100mm角ですが、ほかに36角（3寸6分×3寸6分＝約109×109㎜）、100角二丁掛（100×200㎜）、150角、200角、300角などがあります。

一般的に「○○角」という場合は「目地」を含んだ寸法を指しています。また、張る部位（平面か角か）などによって形状の違いがあります。

さまざまなタイル

● **磁器質タイル**

吸水率は1％未満で、透明性があり硬く、耐凍害性、耐摩耗性に優れる。叩くと金属のような澄んだ音がする

● **炻器質タイル**

吸水率5％未満で、磁器のような透明性はないが、硬く焼きしまっている

● **陶器質タイル**

吸水率22％以下で、素地は多孔質で吸水性が大きく、厚手で重い。叩くと鈍い音がする

張る場所によるタイル形状の違い

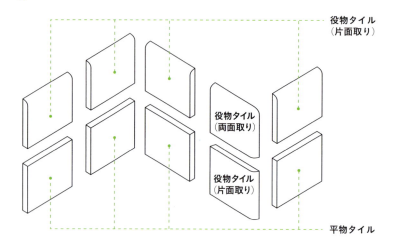

「平物（ひらもの）」は、表面がほぼ平面で正方形または長方形のタイル。主に平らな壁面に張る。「役物（やくもの）」は平物以外の特別な形状をしたタイルの総称で、開口部や隅角部、ほかの仕上げ材との見切りに使われる。タイルの出隅の面取り方法が異なる「片面取り」と「両面取り」があり、張る場所により使い分けられる

タイル同士のすき間を「目地」といい、この目地の入れ方にも「通し目地」や「破れ目地」をはじめ、「四半（しはん）目地」「平目地」「沈み目地」「深目地」などさまざまな種類があります。

目地と目地剤は、タイル裏面への水の侵入や、タイルのはがれ、浮き上がりなどを防止する役割を果たします。また、タイルの微妙な大きさの違いを目立たなくさせる役割もあります。

タイル目地の種類（平面）

通し目地

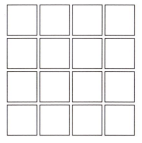

目地を縦横に通した張り方。芋（いも）目地ともいう。整然と並んでいるため、安定感や落ち着きを感じさせる

破れ目地

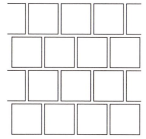

上段タイルの中心に次段の目地の中心を合わせる張り方。馬目地（まのめじ）ともいう。レンガ積みや歩道のインターロッキングブロックなどに多用される

四半目地

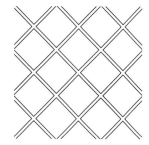

通し目地に45度の角度をつけて張る方法。装飾性が高いが、端部のタイルは半分に切断するため、材料に無駄が出やすい

タイル目地の種類（断面）

平目地

目地面の高さがタイルと同じ目地。最も一般的な形状

沈み目地

目地面の高さがタイル面より低い目地。外装や床材によく使用される

深目地

沈み目地よりさらに目地を低くした目地。陰影により目地が明瞭となる

ふくりん目地

丸く膨らんだ目地がタイル面と同じ高さになった目地。装飾的な目地として用いられる

逆ふくりん目地

丸みのある目地がタイル面よりも凹んでいる目地。水を使う場所などの水切り目地として用いられる

ねむり目地

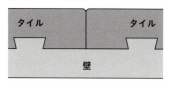

目地幅がない目地。目地を目立たせたくない場所に使用する

2-6-8 石材

石材は高級感や気品があり、インテリアを豪華に演出する材料の1つです。不燃性や耐久性などに優れており、インテリアでは壁材、床材、カウンターやテーブルトップなどに使用されています。

石材には「天然石」と「人造石」があります。天然石は自然にできた石で独特の光沢感や味わいを持つ魅力のある素材ですが、衝撃に弱い、重い、といった特徴もあります。人造石は天然石を模造して人工で作られた建築材料の一種で、独持の質感があります。

天然石は、岩石の生成過程によって大きく「火成岩（かせいがん）」「堆積岩（たいせきがん）」「変成岩（へんせいがん）」に分けられますが、それぞれの物理的な特徴や色調によっても表情が異なります。

また、磨きや割肌などの表面仕上げによって、同じ石でも違った表情が現れます（P.133 column参照）。

人造石には、大理石や花崗岩を種石にしてセメントなどと練り混ぜ成形した「テラゾー」や「擬石（キャストストーン）」があります。カラフルな色や柄があり、天然石とはまた別の表情を持たせた質感を表現できます。天然石に比べ低価格で耐久性にも優れた素材です。

ここでは、各種類の代表的な石材を紹介します。

石材の種類

分類	形成による種類		石材の種類	代表的な石の名称	特徴	用途	適した仕上げ
天然石	火成岩	火山岩	安山岩	鉄平石・小松石・白河石	■細かい結晶でガラス質 ■硬い ■色調が暗い ■耐摩耗性が高い	（板石）床・壁・外装 （角石）石垣・基礎	水磨き、割肌
		深成岩	花崗岩（御影石）	稲田石・ローザポリーノ・インペリアルレッド・マホガニー・ジンバブエ	■色調は白・黒・茶・赤・ピンクなど ■結晶が大きい ■硬い ■耐摩耗性が高い ■耐火性がやや低い	内外装 通行量の多い床や階段 テーブル・甲板	水磨き・本磨き、割肌、ジェットバーナー、小叩き・びしゃん、のみ切り・こぶ出し
	堆積岩		石灰岩	ライムストーン（モカクリーム・クレマイースト・ピエトラアズール	■ベージュやアイボリーなどの柔らかな色調 ■柔らかく加工がしやすい ■汚れやすい ■酸に弱く屋外には不向き	内装の床・壁	水磨き・本磨き、切肌
			砂岩	サンドストーン（レッドサンドストーン・ホワイトサンドストーン・イエローストライプ）	■光沢なし ■耐火性が高く酸に強い ■摩耗しやすい ■吸水性が高い ■汚れやすい	床・壁・外装	粗磨き、割肌
			凝灰岩	大谷石	■軟質で軽量 ■耐火性が高い ■耐久性が低くもろい	内装の壁・炉・倉庫	小叩き、のこひき目
			粘板岩（スレート）	玄昌石	■層状に剥がれる ■濃いグレーの表面に細かい筋の波のような肌合い ■吸水性が低い ■耐候性が高い	屋根葺用・壁・床	水磨き、割肌
	変成岩		大理石	ビアンコカラーラ・ペルリーノ・ボテチーノ・ロッソアリカンテ・ルナグレー・ゼブラカルニコ	■華やかな色と模様 ■滑らかな質感と光沢 ■硬くて緻密 ■耐久性は中 ■酸に弱く屋外には不向き	内装の床・壁 テーブル・甲板	本磨き、水磨き
			蛇紋岩		■大理石に似ている ■磨くと黒・濃緑・白の模様が美しい	内装の床・壁	本磨き、水磨き
人造石	テラゾー			種石 - 大理石／花崗岩	■耐久性が高い ■手入れが簡単 ■酸や熱に弱い	内装の床・壁	本磨き、水磨き
	擬石			種石 - 花崗岩／安山岩	■造形の自由度が高い	床・壁	小叩き

代表的な天然石

● 火成岩 〈 マグマが冷え固まったもの 〉

火山岩

鉄平石（てっぺいせき）	小松石（こまついし）	白河石（しらかわいし）

火山岩は、マグマが地表付近で急速に冷え固まったもの。代表的な石材として安山岩がある

深成岩

稲田石（いなだいし）	ローザポリーノ	インペリアルレッド	マホガニー	ジンバブエ

深成岩は、マグマが地下深くでゆっくり冷え固まったもの。代表的な石材として花崗岩（通称、御影石）がある

● 堆積岩 〈 小石や砂、泥、生物の遺骸などが、海底や湖底、地表などに堆積して固まったもの 〉

石灰岩

モカクリーム	クレマイースト	ピエトラアズール

石灰岩は、炭酸石灰質の殻を持つ生物の化石や海水中の成分が沈殿してできたもの。ライムストーンともいう

凝灰岩（ぎょうかいがん）

大谷石（おおやいし）

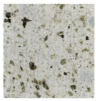

凝灰岩は、火山噴出物が水中や陸上に堆積して凝固したもの

砂岩（さがん）

レッドサンドストーン	ホワイトサンドストーン	イエローストライプ

砂岩は、砂粒が堆積して凝固したもの。サンドストーンともいう

粘板岩（ねんばんがん）

玄昌石（げんしょうせき）

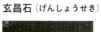

粘板岩は、硬く緻密になった泥岩が層状に堆積したもの

● **変成岩**〈 火成岩や堆積岩が熱や圧力により鉱物や組織が変化して別の岩石になったもの 〉

大理石

ビアンコカラーラ

ペルリーノ

ボテチーノ

大理石は、石灰岩が熱変成を受けて再結晶してできたもの

ロッソアリカンテ

ルナグレー

ゼブラカルニコ

「人造大理石」と「人工大理石」の違い

人造大理石には、細かく砕かれた大理石などの自然石が使われていますが、人工大理石はアクリル樹脂やポリエステル樹脂などの人工素材でできており、天然石にはない色柄や樹脂ゆえの透明感などがあります。

蛇紋岩（じゃもんがん）

蛇紋岩は、カンラン石や輝石が水と反応してできたもの

代表的な人造石

● **テラゾー**〈 大理石や花崗岩を粉砕した種石を、セメントや樹脂で固めたもの 〉

補強用モルタル層の上に、大理石や花崗岩などの砕石粒、顔料、セメントなどを練り混ぜたコンクリートを打ち重ね、硬化した後、表面を研磨、つや出しして仕上げたもの。工場で板石状に成形したものをテラゾーブロック、規格寸法に板状にしたものをテラゾータイルという

石材の表面仕上げ

石材は同じ石でも、磨いて光沢を出したり、凹凸を付けたりするなど、面の処理の仕方で表情が大きく変わります。使用する場所や用途によって、表面の仕上げを変えて使用します。ここでは、代表的な5種類の仕上げ（石種：インパラブラックによる比較）と、特殊な加工を施した仕上げ（石種：エメラルドパール）を紹介します。

● 磨き仕上げ

表面を粗い砥石から徐々にきめ細かい砥石に替えながら平坦に研磨する仕上げ。磨きの度合いにより、荒磨き→水磨き→本磨きの順にきめが細かく、光沢がある

● ジェットバーナー仕上げ

石表面に冷却水を散布しながら、専用ガスバーナーで表面を焼射し、結晶を弾かせて凹凸を作る仕上げ

● 割肌仕上げ

石を割ったままの表現仕上げで、自然な表情で味わい深い素朴さが特徴

● びしゃん仕上げ

「びしゃん」というピラミッド型の刃を群状にしたハンマーで表面を平らに叩き上げる仕上げ

● 小叩き仕上げ

びしゃん叩きをした上を、さらに先の尖ったのみで、細かな平行線の刻み目を付けた仕上げ

● スクラブ仕上げ （関ヶ原石材オリジナル仕上げ）

割肌のような粗面仕上を薄い石厚で加工できる。石材独自の色を鮮明に表現することができる仕上げで、部分的にキラキラと輝きが見える

2-6-9 塗装

床や壁、天井、家具、什器などに塗料を塗るのが「塗装」です。塗装には、塗装面の「保護」と、色やツヤを付けて「美装」する2つの目的があります。

塗料は原料成分により、「自然塗料」と「合成樹脂塗料」とに大別できます。

自然塗料は植物から成分を抽出して作られた無害な塗料で、「漆（うるし）」や「カシュー塗料」「渋柿」「弁柄（べんがら）」「蝋」などがあります。

合成樹脂塗料は自然塗料に比べ耐候性、施工性に優れた人工塗料で、「アクリル系エマルジョンペイント」や「塩化ビニル樹脂エナメルペイント」「オイルステイン」「クリヤーラッカー」「ウレタン樹脂エナメル塗料」などがあります。

このほか、透明、不透明、つやの有無といった違いや、床や壁、天井などの内部塗装、家具や什器などの塗装といった使用目的の違い、木材や金属、樹脂など塗装するものの材質の違いにより、さまざまな種類の塗料から適したものを選ぶ必要があります。

塗料の成分

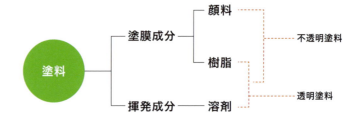

塗料は色の原料の「顔料」や色や風合いなどの基となる「樹脂」、それらを溶かして液状にする「溶剤」でできている。顔料が含まれると不透明塗料、含まれないと透明塗料となる

塗料の種類

● 自然塗料

漆	漆の樹液が主成分で、主に高級家具や美術工芸品に用いられる。塗膜が硬く、アルカリや油に強い、光沢があり美しく仕上がるなどの長所がある。一方、常温多湿の状態で乾燥させるため、乾きにくいほか、取り扱いが難しく、耐候性が低い、手入れに時間がかかる、皮膚のかぶれを引き起こすなどの短所もある
カシュー塗料	漆に似た性質を持つが、漆より扱いやすく、かぶれを引き起こしにくい塗料。内装や大型家具の塗装に用いられる。漆のような硬さや光沢はないが、短時間で乾燥するため、施工しやすい。漆と同様に耐候性が低い

● 合成樹脂塗料

内部仕上げ塗装用	アクリル系エマルジョンペイント（AEP）	耐候性や保色性、耐水性に優れ、色調も豊富なため、浴室やキッチンなどに適した塗料
	水性系エマルジョンペイント（EP）	AEPと比較して耐水性や耐アルカリ性はやや劣るが、有機溶剤を含まないので安全で無害な塗料。安価で種類も多く、室内壁や天井などに多用される
	塩化ビニル樹脂エナメルペイント（VE）	耐水性、防カビ性が高く、浴室や厨房、地下室の壁面や天井などに使われる。耐アルカリ性も高く、モルタル下地などの壁や天井にも用いられる
透明塗料	オイルステイン（OS）	木材の色や木目を生かす仕上げ塗料として使われる。ワックスやワニス、拭き取りなどで仕上げるが、水や汚れに弱くシミになりやすい
	オイルフィニッシュ（OF）	木材の自然な柔らかい雰囲気を生かすため、薄塗りで使われる塗料。つやのない仕上がりとなる
	ウレタンワニス（UC）	塗膜が硬く、耐水性、耐摩耗性に優れ、耐候性が高いため、変色しにくい塗料。木材の床や棚、カウンターの塗装に使われる。「木材保護着色塗料」（キシラデコール）やOSの上塗り塗料としても使用できる
	クリヤーラッカー（LC）	耐熱性、耐薬品性が低いが、透明で木材の色や木目を生かした仕上がりが得られる塗料。木工家具や木部の塗装に適している

↓次頁につづく

合成樹脂塗料（つづき）

不透明塗料	油性ペイント（OP）	一般にオイルペイントと呼ばれ、塗りやすく厚く塗れる塗料。耐候性が高い一方、乾きにくく（24時間以上）、粘着性がある、においが残るといった短所がある。屋内外で使用できるが、主に屋外で使われる
	合成樹脂調合ペイント（SOP）	一般に「ペンキ」と呼ばれる。OPよりも乾燥が早く光沢がある塗料。乾燥後の塗膜が硬いため、木材の伸縮に追従できず、時間が経つとひび割れや剥れが生じる。安価だが、塗り替えの周期が短くなる
	ラッカーエナメル（LE）	塗膜が薄く、仕上がりがソフトでなめらかな塗料。ほかの塗料と比較して、速乾性があり施工しやすいが、耐摩耗性、耐薬品性、耐候性で劣る。シンナーに溶けるため、注意が必要
	ポリウレタン樹脂エナメル（UE）	耐候性、耐水性、耐アルカリ性などに優れ、外壁や内壁、木材や金属など、さまざまな場所、材質に使用できる。防藻、防カビ対応のものもある

塗装工程には、「下塗り（シーラーやプライマー）」「中塗り」「上塗り」があり、施工の方法として、「刷毛塗り」「ローラー塗り」「吹付け塗り」「焼付け」などがあります。仕上げ方には、「透明仕上げ」「塗り仕上げ」「光沢仕上げ」「生地仕上げ」などがあり、表現方法により使い分けます。

木の塗装には、木目を出す塗装と出さない塗装があります。同じ木目でも、塗装方法により印象が変わります。

塗装方法には、「クリアラッカー仕上げ」や「ステイン着色仕上げ」「ラッカーエナメル仕上げ」などがあります。

塗装方法による仕上がりの違い

塗装前の木地

塗装前のタモの板目

● 光沢仕上げ

つや消しの仕上げ。透明な塗料で、木目が強調され温もりのある仕上がりになる

● ステイン着色仕上げ

木に塗料をしみ込ませて着色する塗料で、木目を生かした着色が可能。仕上げに透明ニスを上塗りする

● ラッカーエナメル仕上げ

優れた光沢と塗膜性能が得られる塗装で重ね塗りもできる。基板の木目が出ない

Chapter 2

7 インテリアデザインに関する法規

インテリアデザインに関連する法規には、建築物の構造や安全性をはじめ、住宅・インテリア製品などの品質や安全性に関するもの、販売や契約にかかわるものなどさまざまな種類があり、これらを順守しなくてはなりません。こうした法規は頻繁に改正や改訂、新たに制定されるため、常に最新の内容を把握しておきましょう。併せてインテリアデザインにおける環境への取り組みや認証制度についても触れます。

2-7-1 建築基準法

「建築基準法」は、建築物の安全性の確保などを目的として、建築物の「敷地」や「構造」「設備」「用途」などについて、最低限守らなければならない基準を定めている法律です。

建築基準法の「技術的基準」には、全国的に適用される「単体規定」と、都市計画法で定められた都市計画区域内だけに適用される「集団規定」があり、インテリアに関する法規は単体規定に当たります。

建築基準法の中でも、特にインテリアデザインに大きくかかわるのが「内装制限」です。

これは、内装の防火性を高めることにより、「火災発生の防止」や

建築基準法で定められた項目例

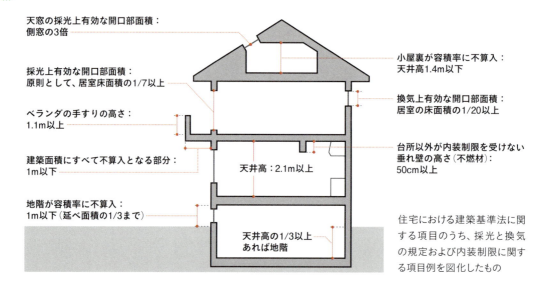

住宅における建築基準法に関する項目のうち、採光と換気の規定および内装制限に関する項目例を図化したもの

建築基準法の「単体規定」と「集団規定」

単体規定	建築物の安全および衛生に関する規定。敷地の「安全」「衛生」、建築物の「構造」「耐力」「防災」「防火」、居室の「採光」「換気」「天井高」「階段」「建築設備」などについての規定がある
集団規定	市街地での居住や産業活動などに関する規定。環境の確保、利便性の増進、火災に対する安全性の確保といった観点から、「用途地域」「防火地域」「高さ制限」「容積率」「建ぺい率」「道路と敷地との関係」などについての規定がある

「火災拡大の延滞」「有害な発煙などの防止」を図り、建築物を安全に避難できるものにすることを目的としています。

内装制限は、建物の用途、規模、構造、そのほかにも細かく構成されており、住宅と商業施設では制限にかかわる範囲や内容に違いがあります。

内装制限をクリアするためには、壁と天井部分に燃えにくい内装材を使用する必要があります。

規定の内装材は、加熱の耐久時間が長い順に「不燃材」「準不燃材」「難燃材」に分類されます。これらは、通常の火災による加熱を受けた場合、一定時間燃えない、変形などの損傷を受けない、有毒なガスを発生しないといった条件を満たしたもので、国土交通省が定めたもの、または同省の認定を受けたものがあります。

戸建住宅の場合、内装制限を受ける部分は火を使うキッチンなどの壁や天井に限られます。また、建物の構造が鉄骨造などの準耐火建物か木造で、火を使う部屋が最上階以外の階にある場合に限られます。

たとえば、キッチンの壁と天井は準不燃材で仕上げる必要があります。また、キッチンがダイニングやリビングと連続している間取りでは、連続するすべての空間が内装制限の対象になります。

こうした規定にはいくつかの緩和が設けられており、火を使う部屋とほかの部屋との間に下がり壁を設ければ、火を使う側の部屋のみが内装制限の対象になります。また、戸建住宅に限り、火元であるコンロ回りの用件を満たせば、内装制限緩和の対象となります。

内装制限──「ダイニングキッチン」の例

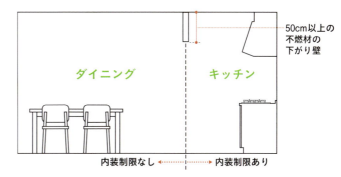

不燃材の下がり壁がないとダイニングキッチン全体が内装制限の対象となる。戸建住宅では一部緩和の規定もある

不燃材料と準不燃材料、難燃材

分類	耐久時間規定	材料
不燃材	加熱開始後 20分間燃焼しない	コンクリート、れんが、瓦、陶磁器質タイル、石綿スレート、繊維強化セメント板、ガラス繊維混入セメント板（厚さ3mm以上）、繊維混入ケイ酸カルシウム板（厚さ5mm以上）、鉄鋼、アルミニウム、金属板、ガラス、モルタル、漆喰、石、石膏ボード（厚さ12mm以上）、ロックウール、グラスウール板など
準不燃材	加熱開始後 10分間燃焼しない	石膏ボード（厚さ9mm以上）、木毛セメント板（厚さ15mm以上）、硬質木片セメント板（厚さ9mm以上、かさ比重0.9以上）、木片セメント板（厚さ30mm以上、かさ比重0.5以上）など
難燃材	加熱開始後 5分間燃焼しない	準不燃材料、難燃合板（厚さ5.5mm以上）、石膏ボード（厚さ7mm以上）など

戸建て住宅の火気使用室での内装制限緩和例

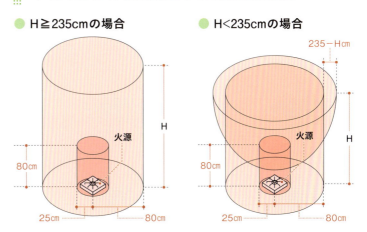

「H」はコンロ加熱部中心点から天井までの距離。火源がコンロの場合、1口4.2W以下の調理専用のものに限る。濃いオレンジの部分は内装、下地とも特定不燃材料。薄いオレンジの部分は内装、下地とも特定不燃材料またはそれに準ずる不燃材料

2-7-2 消防法

「消防法」は火災を予防、警戒、鎮圧し、生命や身体、財産を保護し、震災などの災害による被害を軽減することを目的とした法律です。

インテリアに関連するものでは、カーテンやじゅうたんなどの防災対象物品について定めた「防災規制」をはじめ、寝室や子供部屋、階段に火災警報機設置を義務付ける「住宅用防災警報器（火災警報器）の設置義務」やキッチンなど火を使用する設備や火災発生の恐れがある設備や器具の位置、構造についての取り扱い方法規定があります。

また商業施設を対象としたものでは、「排煙設備」や「スプリンクラー設備」「自動火災報知設備」「非常用照明設備」などの設置について、さまざまな規定があります。

防炎規制と防炎物品

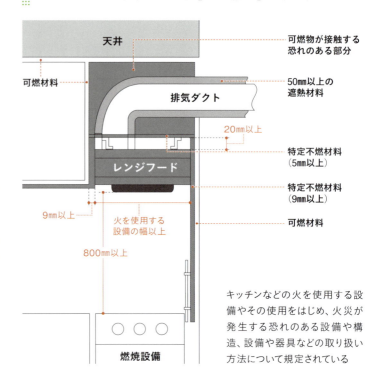

カーテンやじゅうたんなどの調度類について定めた「防炎規制」は、防火対象物などで使用される防炎対象物品には、基準以上の防炎性能を持つ「防火物品」の使用を義務付けるもの。防火物品には「防炎表示」（防炎マーク）を表示する必要がある

火を使用する設備の「位置」と「構造」の規定例

キッチンなどの火を使用する設備やその使用をはじめ、火災が発生する恐れのある設備や構造、設備や器具などの取り扱い方法について規定されている

商業施設に設置が義務付けられている防災設備の例

排煙設備	建物の火災により発生した煙を強制的に排気する設備。「自然排煙」と「機械排煙」の2種類がある。機械排煙は「排気ファン」「排煙ダクト」「排煙口」で構成される。排煙対象面積により、天井から50cm以上の垂れ壁（防煙垂れ壁）設置して防煙区画を設ける
スプリンクラー設備	水に圧力をかけて飛沫にしノズルから散布する装置。防火対象物の天井裏に配管を網目状に配し、スプリンクラーヘッドを一定間隔で設置する。火災時に自動的に水を噴出して消火する

上記以外にも「自動火災報知設備」「非常用照明設備」「避難誘導灯設備」「非常用放送設備」などの設置が必要。
大型商業施設では、排煙設備やスプリンクラーヘッドの設置完了後にテナント工事や内装造作による間仕切りや陳列棚、庇類が設置されることで、排煙や散水が妨げられるケースが多発するため、設計段階で考慮する必要がある

商業施設では建築基準法の「内商業施設における関連法規装制限」のほか、「防火区画」についても定められています。

「防火区画」とは、建築物内部で火災が発生したときに、火災を一定の範囲内に止めて拡大しないよう、床や壁、防火設備（防火戸など）で区画した個所です。

これには、一定面積ごとに区画する「面積区画」をはじめ、「吹抜け」「階段」「エレベーター」「エスカレーター」「パイプシャフト」など建築物の垂直孔を区画する「竪穴区画」、建築物内に異なる用途の個所がある場合に区画する「異種用途区画」があります。

このほかに「排煙設備」や消防法による「スプリンクラー設備」「非常用設備（非常照明、避難誘導など、非常用放送設備）」「避難導線」などがあります。

排煙設備は、火災時の煙の拡散を「防火戸」や「防煙垂れ壁」などで区画し、区画内に設置する設備です。「スプリンクラー設備」はスプリンクラーから散水される水による自動消火設備で、一定間隔に設置されます。

インテリアデザインでは、こうした各設備の機能を妨げないようにする必要があります。

商業施設の排煙設備の例

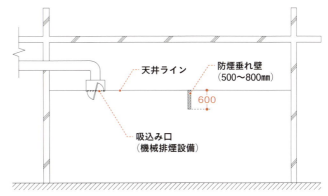

排煙設備は、防火戸や防煙垂れ壁などで区画された個所に設置される

商業施設のスプリンクラー設置例

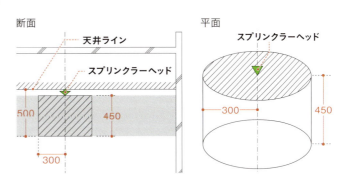

スプリンクラーの散水障害を防ぐため、物を配置してはいけない範囲が定められている。断面のグレーの部分は何も設置・配置されないこととされている範囲。斜線部分は法令上何も設置・配置してはいけない範囲。平面の斜線部分は、スプリンクラーヘッド周辺で物を設置または配置してはいけない範囲

商業施設の売り場内避難導線の例

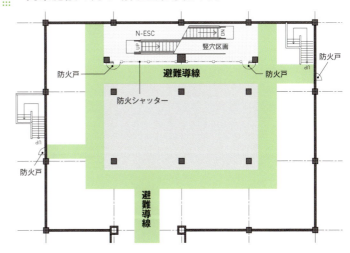

避難導線の障害にならないように売場や商品をレイアウトする

2-7-3 消費者関連法規

消費者関連法規には、消費者と事業者との間にある情報力や交渉力などの格差を踏まえ、消費者を保護する目的でさまざまな法律が定められています。

「消費者基本法」は「消費者の権利の尊重と自立支援」を基本理念とし、消費者政策の基本事項を定めた法律です。

消費者基本法には、「消費生活製品安全法」「PL（製造物責任）法」などがあります。

このほか、工業製品の規格や品質表示の適正化に関する「工業標準化法」や「家庭用品品質表示法」、契約の適正化に関する「クーリングオフ」「割賦販売法」などがあります。

インテリア用品に関連する品質や性能を保証する選定制度や認定制度もあり、選定、認定を受けた製品には、それぞれ規定の「マーク」や「ラベル」が付与されています。

インテリア用品に付与されるラベルやマーク

- **PSCマーク**

経済産業省所轄の消費生活用製品安全法に基づくマーク

- **SGマーク**

一般財団法人製品安全協会が認定するマーク

- **JASマーク**

農林水産省所轄の農林物資法（JAS法）に基づくマーク

- **JISマーク**

経済産業省所轄の産業標準化法に基づくマーク

- **ISMマーク**

一般財団法人日本壁装協会が所管するマーク

- **BLマーク**

一般財団法人ベターリビングが認定するマーク

- **省エネ性マーク**
経済産業省資源エネルギー庁所轄のエネルギー消費機器の省エネ性能を示すマーク

- **エコマーク**

公益財団法人日本環境協会が運営するエコマーク事業に則ったマーク

- **Cマーク**

日本カーペット工業組合の品質基準に合格したものに付けられるマーク

column その他の法規

建築士法	建築物の設計や工事監理などを行う技術者の資格について定めた法律
電気工事士法	電気工事に従事する者の資格や義務、電気工事の欠陥による災害の発生防止について定めた法律
ハートビル法	高齢者、身体障害者が円滑に利用できる特定の建築物の建築の促進に関する法律
品確法	住宅市場の条件整備と活性化を目的とした法律。「住宅の品質確保の促進等に関する法律」の略称
廃棄物処理法	廃棄物の排出抑制と処理の適正化によって、生活環境の保全と公衆衛生の向上を図ることを目的とした法律

2-7-4 インテリアデザインと環境問題

インテリアデザインを考える上で、環境問題は避けて通れない重要なテーマです。地球温暖化や森林破壊、海洋汚染などの問題は、私たちの日常生活や経済、社会活動に多大な影響を与えています。インテリアにおいては、生活空間に用いる素材や製品の選択は地球規模の環境負荷に直結しており、持続可能な社会の実現にはデザインの段階から環境への配慮が欠かせません。環境に配慮した視点を取り入れることは単なる流行ではなく、未来の地球と私たち自身の生活を守るためにも不可欠です。SDGsの取り組みやサスティナブルデザインを実践することでインテリアデザイナーが社会に貢献できる存在になります。

ここでは、インテリアデザインに関わる環境への取り組みや認証制度などを取り上げます。

主な環境への取り組み

● SDGs

SDGs（持続可能な開発目標）とは、Sustainable Development Goalsの略で、国連が2015年に採択した、2030年までに持続可能でよりよい世界を実現するための17の目標。これらの目標は、貧困や飢餓の撲滅、教育やジェンダー平等の推進、気候変動対策など、経済・社会・環境の幅広い課題に対応しており、すべての国、企業、個人が協力して取り組むことを目指している

● サスティナブルデザイン

サスティナブルデザインは「持続可能なデザイン」のことで、長期的に環境や社会、経済に良い影響を与えることを目指したデザイン手法。環境資源を無駄にせず、未来の世代にも健全な地球を残すことを大切にしており、再生可能な資源を使う、製造や使用に発生するエネルギーや廃棄物を減らす、家具や建物の素材をリサイクルできるように設計するといったことのほか、省エネルギー設計や再生可能エネルギーの設計も含まれる。また、地元の材料を使用して地域の経済を支援するなど、設計から製造、使用、廃棄されるまでのライフサイクル全体を見渡して、全ての段階で環境負荷を減らすことなども重視している

● グリーンデザイン

環境に配慮したデザインや建築の手法。人間と自然が共存できるような持続可能な未来を目指したデザインアプローチで、具体的には、再生可能なエネルギーや自然素材の使用、廃棄物削減、リサイクル可能な素材の選定などが挙げられる。建築や製品の設計においては、省エネ型の設備を導入したり、自然との調和を図るために屋上庭園や緑化された壁面を取り入れたりすることが一般的

● パッシブデザイン

建物の設計において、自然のエネルギー（太陽光、風、温度変化など）を積極的に活用し、エネルギー消費を抑える手法。エアコンなどの人工的なエネルギーをできるだけ使わずに、建物自体の形状や素材、配置を工夫して快適な室内環境の維持を目指す

● エコロジカルデザイン

主に自然環境と生態系への影響に焦点を当て、資源の消費や廃棄物を最小限に抑えたデザイン手法。再生可能な資源やリサイクル可能な素材を使用したり、太陽光や風などの自然エネルギーを積極的に利用したりするなど、建物や製品が周囲の環境に与える影響を考慮して設計される

● バイオフィリックデザイン

人間は自然を好み、自然とつながりたい本能的欲求があるという考え方に基づいたデザイン手法。室内に植物や水を配置したり、自然光、または自然光を再現した照明を取り入れたりするほか、自然の素材や色、音などを取り入れる。ストレスの軽減や集中力や生産性を高める効果など、心身の健康にも影響を与えると考えられている

● アップサイクル
　（アップサイクリング）

本来廃棄される予定の製品や素材に新たな付加価値を付けて再生する手法。元の素材の特性を生かしつつ、新しいデザインや機能を加える。インテリアでは、古材や廃材を活用し、新たなデザインとして蘇らせる手法が用いられる

環境に関する認証制度

● FSC認証®

Forest Stewardship Council® 認証の略。森林管理協議会が認定する持続可能な森林管理を促進するための国際的な認証制度。この認証は、環境保護、社会的公正、経済的持続可能性を重視し、森林資源が適切に管理されていることを保証する。FSC認証を受けた製品にはFSCマークが付いている

● WELL認証

人々の健康とウェルビーイングに焦点を合わせた建築や街区の環境の性能を評価する、国際的な認証制度。空気や水の質、光、栄養、運動の機会など、健康に関連する多くの要素を取り入れた建築や空間づくりを推進し、快適で持続可能な住環境や働く環境を提供することを目指している

● LEED認証

Leadership in Energy and Environmental Design認証の略で、建物や地域の持続可能性を評価するための国際的な認証制度。アメリカのグリーンビルディング協会（USGBC）が策定したもので、エネルギー効率や環境への配慮が重視されている。日本では、持続可能な建築を推進するための基準として取り入れられており、中でもインテリアデザインに特化した「ID+C（Interior Design and Construction）/インテリア設計および建設」では、新築または大規模な改修を行うインテリアスペースの環境性能を評価。オフィス、店舗、ホテルなど、さまざまな種類のインテリアスペースに適用できる

Chapter 3

インテリアデザインに
必要な表現技術

この章では、インテリアデザインを
表現する技術について学びます。表
現手段には、「図面」や「パース」を
はじめ、「プレゼンボード」などがあり
ます。これらを作成する上での重要
なポイントや作成に必要なデジタル
ツールについても解説します。

Chapter 3

1 インテリアデザインのパース

インテリアデザインでは、建築設計と同様に図面を作成する必要があります。こうした図面は、クライアントや施工者などの「見せる対象」をはじめ、プレゼンテーションや施工といった使用目的、デザイン作業の段階や時期により、種類や表現方法が異なります。

3-1-1 インテリアデザインの図面と種類

図面はデザイナーがクライアントや施工者に設計内容を伝えるために作成します。そのため、わかりやすく正確に書く必要があります。インテリアデザインの図面は建築設計の図面と基本的には同じですが、インテリアエレメントの表現も重要になります。

インテリアデザインの図面は、見せる対象や使用目的により異なります。たとえば、デザイナーから施工者に渡す工事用の図面は、正確さが最も優先されます。一方、クライアントにイメージを伝えたり、コンペに提出したりする図面は、コンセプトやイメージが伝わるようにわかりやすさが重視されます。

さまざまなインテリアデザインの図面

● 展開図（住戸展開図）

部屋の内部より外部に向かって見た、壁面から1m程度離れた状態を各面ごとに作成する。背面の展開図は、正面の展開図と左右が逆になる。開口部の幅や高さの寸法のほか、ウインドートリートメントや家具、壁仕上げの種類や寸法も表現する

● 平面図（住戸平面図）

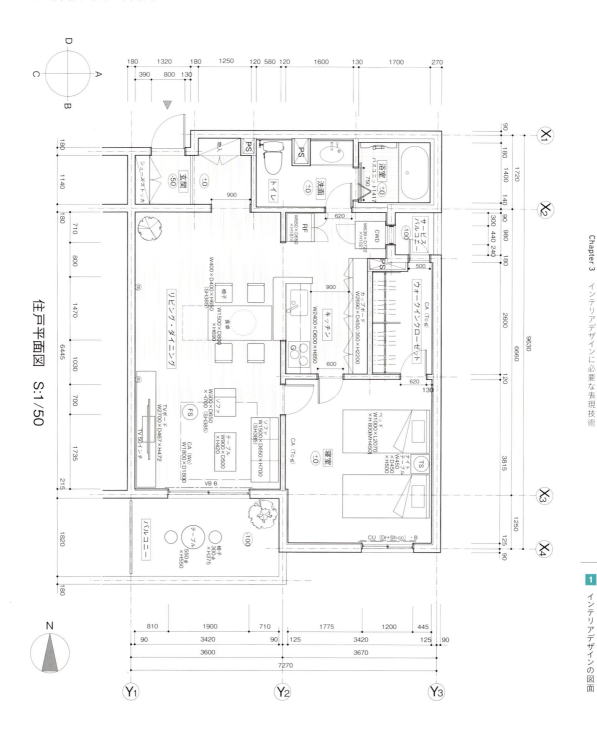

住戸平面図　S:1/50

図面の中で最も基本となる図面。建築物を床面から1m程度の高さで水平に切り、その断面と下部を表現する。縮尺は1/50を標準に、規模や表現内容に合わせて1/100や1/200を使う。壁は仕上げを太線で、家具や家電製品などは外形を中線で書き、名称と寸法を併記する。収納家具の開閉表示は30°とし、扉など建具の開閉表示90°と区別する。動作寸法が確保できていることを示すため、椅子は机から離して表現する。家具は造作家具と区別するため、壁面から離して配置する。また、物や人が移動できるかを確認するため、主要な建具の有効開口幅を記入する。このほか、ウインドートリートメントや床仕上げ（カーペット、フローリング）の種類や寸法なども記入する

● **天井伏図（住戸天井伏図）**

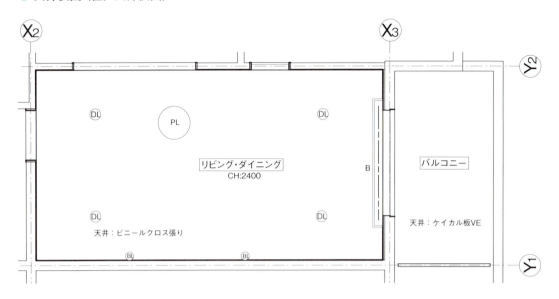

平面図が一定の高さから下向きに見た様子を表現するのに対し、天井伏図は上向きに、さらに左右を反転して表現する。天井の仕上げや天井に配置される照明器具も表現する

● **立面図（店舗立面図）**

表現内容は展開図と同じだが、図のような店舗の場合、ファサード（正面外観）を表現する場合がある（図面提供：ノード）

● 家具図（店舗カウンター家具図）

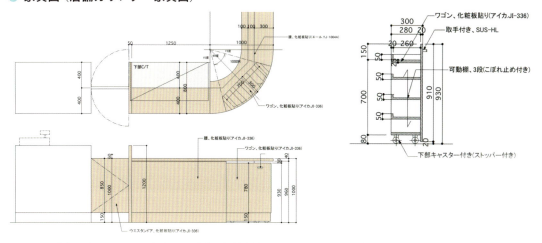

インテリアデザインならではの図面。家具の寸法や部材種類などを細かく表現する（図面提供：グローブ）

● 詳細図（店舗座席回り詳細図）

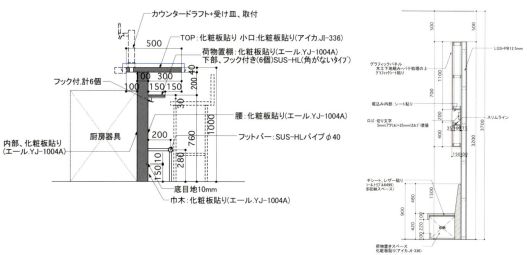

ほかの図面では表現できない、より細かい部分を表現した図面（図面提供：グローブ）

column 色や影を付けた「ショードローイング」

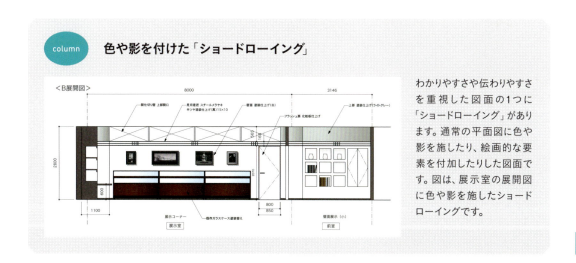

わかりやすさや伝わりやすさを重視した図面の1つに「ショードローイング」があります。通常の平面図に色や影を施したり、絵画的な要素を付加したりした図面です。図は、展示室の展開図に色や影を施したショードローイングです。

3-1-2 インテリアデザインの製図ルール

図面は、具体的なデザインを施工者やクライアントに伝えるための重要なツールです。特に、施工者に正しく伝えられなければ意図したインテリアは作れません。そのためにもルールに則った図面作成が重要です。

従来、インテリアに関する製図ルールは明確に定まっておらず、人によって表現方法や表記の仕方がまちまちな部分がありました。これを是正するため、日本インテリア学会はインテリアの製図ルールを「インテリア製図通則」(P.158〜)としてまとめました。今後、この通則がインテリアでの標準製図ルールとなることが期待されています。

本項では、このインテリア製図通則にしたがって、製図ルールについて解説します。

図面（用紙）サイズ

図面（用紙）サイズ	寸法（縦×横 単位：mm）
A1	594×841
A2	420×594
A3	297×420
A4	210×297

図面の用紙サイズは、A1〜A4までの4種類から選ぶ。A2、A3サイズが多用される。図面の表題欄（件名、図面名称、縮尺などを記入する欄）の位置は、図面を折り畳んだときも見えるように右下に配置する

縮尺

縮尺	概要
1：1	ディテールの検討などに用いる。施工図、家具図などにも使用される原寸大の縮尺
1：2	
1：5	ディテールを検討するときに用いる。部分詳細図などに使用される
1：10	
1：20	1：50では表現しきれない、詳細な表現が必要なときに用いる。平面図、展開図などに使用される
1：50	もっとも標準となる縮尺。平面図、展開図などに利用される
1：100	細部表現よりも空間のつながりを重視して表現する場合の平面図に用いられる
1：200	大規模な施設の平面図に用いられる

縮尺は、1：1、1：2、1：5、1：10、1：20、1：50、1：100、1：200の8種類から、規模や表現内容に応じて選ぶ。1：50が最も多用される。従来1：30も使用されていたが、建築設計で使用されなくなったほか、手描きによる1：30の表現内容が、CADを使用することで1：50の縮尺で十分表現できるようになり、その必要性が低くなった

線

線の種類		用途による名前	用途
実線	太線	外形線	対象物の見える部分の形状を表現する
			断面図に表れる物体の見える部分の外形線を表現する
	中線	外形線	家具などの外形線を表現する
	細線	稜線	家具などの稜線を表現する
		寸法線	寸法を記入する
		寸法補助線	寸法を記入するため、図形から引き出す
		引出線	文字や記号などを示すため、図形などから引き出す
		ハッチング	断面図の切り口を表現する
		矢印線	階段や斜路、傾斜した領域を表現する
		対角線	開口や穴、くぼみなどを表現する
破線	細線	隠れ線	隠れた部分の外形線を表現する
一点鎖線	中線	外形線	カーテンやブラインド、カーペットなどを表現する
	細線	切断線	断面図を作成する際、切断位置を対応する図に示す
		中心線	図形の中心を表現する
		基準線	図形などの位置の基準を示す
		扉の開方向指示線	扉の開く向きなどを表現する
二点鎖線	細線	想像線	物体などの加工前の形状や可動部分の位置を示す
ジグザグ線	細線	破断線	対象物の一部を破るまたは切り取った境界を示す

● **実線**

太線 ————————————

中線 ————————————

細線 ————————————

● **破線**

細線 - - - - - - - - - - - - - - - -

● **一点鎖線**

中線 ·—·—·—·—·—·—·—·

細線 —·—·—·—·—·—·—·

● **二点鎖線**

細線 ·—·—·—·—·—·—

● **ジグザグ線**

細線 ————⋀————

通常、図面で使用する線の太さは、細線、中線、太線の3種類。太線は壁の仕上げ線などはっきり強調したい部分に、中線は見え掛り（みえがかり：家具などの外形線）に、細線は寸法線や通り芯、細部の表現に使用する。
太さの比は肉眼で視認しやすくするため、1：2：4とする。図面の種類や大きさ、縮尺に応じて、0.13、0.18、0.25、0.35、0.5、0.7㎜のいずれかを組み合わせて使用する

● 線の使用例「壁」

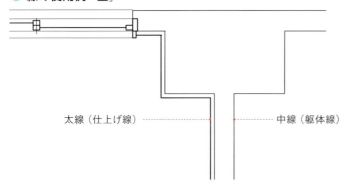

壁では、仕上げ線を太く書き、インテリア空間を強調表現する。縮尺は1：50が基準で、縮尺に対応して躯体壁と間仕切壁との表現を変える（下地表現や枠の有無など）場合もある。
壁の開口部では、額縁やサッシ枠、建具枠などがあるが、それぞれ縮尺によりディテールの表現を変える

● 線の使用例「開口部」

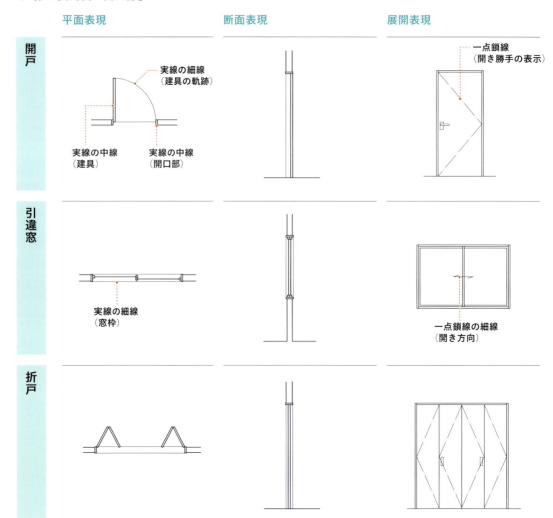

開口部は、平面と展開表現で開閉方向、展開と断面表現で建具の高さを表す。建具は実線の中線、扉などの軌跡や敷居などは実線の細線を使用して表現する。開き方向は一点鎖線で表現するが、扉の取手、引手で開閉方向がわかる場合は省略できる

● 線の使用例「家具」

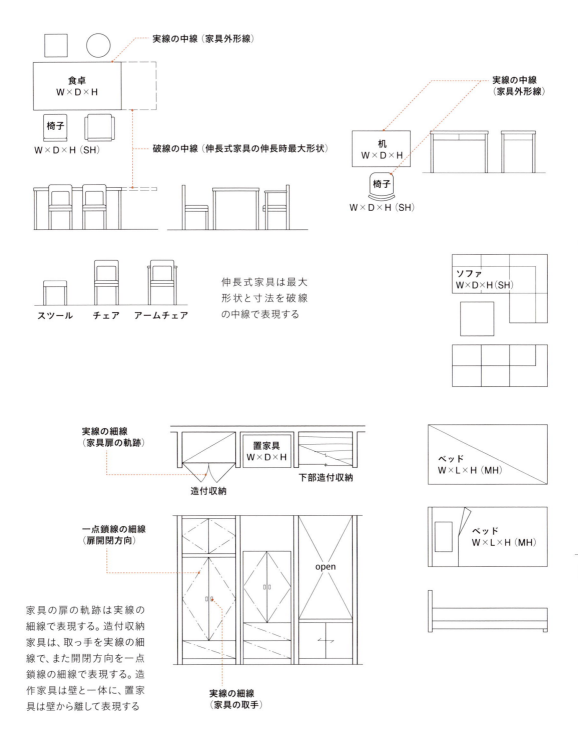

家具全体に共通して、外形線は実線の中線で表現する。家具の寸法は、W（幅）×D（奥行き）×H（高さ）、椅子は加えてSH（座面高）を、ベッドはD（奥行き）の代わりにL（長さ）とMH（マットレス高さ）を記入する

● 線の使用例「設備機器」

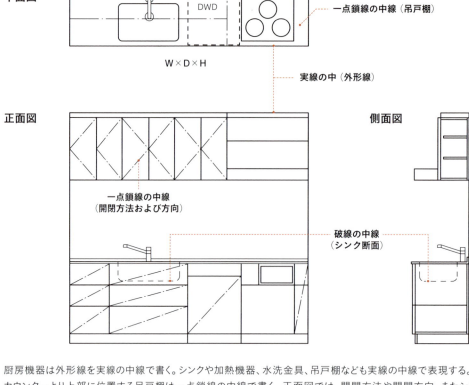

厨房機器は外形線を実線の中線で書く。シンクや加熱機器、水洗金具、吊戸棚なども実線の中線で表現する。平面図では、カウンターより上部に位置する吊戸棚は一点鎖線の中線で書く。正面図では、開閉方法や開閉方向、またシンク断面を一点鎖線の中線で表示する。側面図では、外形線または断面を実線の中線で書く。シンクは破線の中線で表現する。線以外では、寸法W（幅）×D（奥行き）×H（全体・カウンター高さ）などを表現する

● 線の使用例「家電機器」

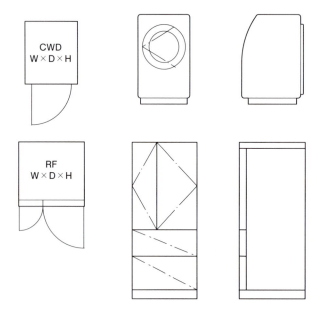

家電機器も外形線は実線の中線、扉と扉軌跡は実線の細線、開閉方法や方向は一点鎖線の細線で表現する。線以外では、寸法W（幅）×D（奥行き）×H（高さ）と家電種類の英語記号または文字を書く

文字

1.8mm インテリア 123 ABC

3.5mm インテリア 123 ABC

10mm インテリア 123 ABC

文字は、図面の縮尺に関係なく、文字高さの標準値、1.8、2.5、3.5、5、7、10、14、20㎜から適切な大きさのものを使用する。大きさが決まっている活字を用いる場合は、標準値に近い大きさのものを選択する

寸法

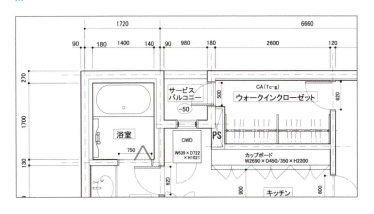

長さの寸法数値は、通常はmm（ミリメートル）の単位で記入し、単位記号は付けない。インテリアデザインでは、躯体の完成後に作業が開始されることが多く、現場での実測値をもとに図面を作成するため、寸法は壁と壁との間を測った「内法寸法」で記入する

文字・表示記号

● 文字・表示記号の使用例「カーペット」

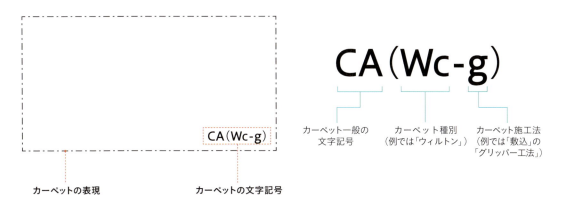

カーペットの種別	文字記号
ウィルトン	Wc
タフテッド	Tc
ニードルパンチ	Nc

カーペットの施工法		文字記号
敷き込み	グリッパー工法	-g
	接着工法	-a
置敷		（なし）

カーペットは略号「CA」で表す。一点鎖線の細線（または姿図）でカーペットを敷く領域を表示し、種別や施工法は左表の文字記号を図面に記入する。また、材質を示す場合は一般名称で併記する

● 文字・表示記号の使用例「ウインドートリートメント」

CU（Dr+Sh-cc)・B
窓装飾の表示　　窓装飾の文字記号

ダブルカーテンの表示例
CU（Dr+Sh-cc)・B

- カーテン一般の文字記号
- 内側のカーテン種別（例では種別は「ドレープ」。施工法記号の記載がないため、施工法は「ストレート」）
- 外側のカーテン種別（例では「シアー」）
- 外側のカーテンの施工法（例では「センタークロス」）
- カーテンボックスの設置あり

ウインドートリートメントは一点鎖線の細線、または実線の波細線で表現し、種別や施工法は下表の文字記号を図面に記入する。カーテンやローマンシェードは、その施工法（スタイル）も文字記号で付記する

			文字記号
水平開閉	カーテン一般		CU
	種別	ドレープ	Dr
		シアー	Sh
	施工法	ストレート	（なし）
		センタークロス	cc
		クロスオーバー	cr
		ハイギャザー	hg
		スカラップ	sk
		セパレート	sp
	バーチカルブラインド		VB
	パネルスクリーン		PS

			文字記号
垂直開閉	ローマンシェード		RM
	施工法	プレーン	pl
		シャープ	sh
		バルーン	bl
		オーストリアン	as
		ムース	ms
		ピーコック	pc
		プレーリー	pr
	ロールスクリーン		RS
	プリーツスクリーン		PL
	ベネシャンブラインド		VN
固定	カフェ		Cf

※カーテンボックス設置は末尾に・Bで表示

● 文字・表示記号の使用例「塗装」

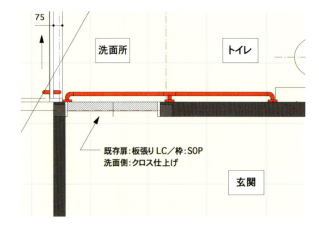

塗装は文字記号で表現する。色を表す場合は、マンセル表色系記号（P.065）または色見本（P.066）の番号などで指示する

名称	文字記号	規格
合成樹脂調合ペイント	SOP	JISK5516
フタル酸樹脂エナメル	FE	JISK5572
塩化ビニル樹脂エナメル	VE	JISK5582
クリアラッカー	LC	JISK5531
ラッカーエナメル	LE	JISK5531
合成樹脂エマルションペイント	EP	JISK5663
つや有合成樹脂エマルションペイント	EP-G	JISK5660
多彩模様塗料	EP-M	JISK5667
オイルステイン	OS	－
木材保護塗料	WP	－

● 文字・表示記号の使用例「家電機器」

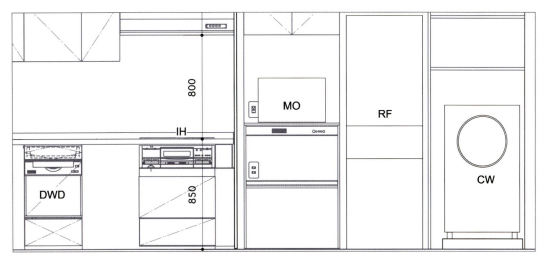

厨房回りなどでは、家電機器の名称を記入できるスペースが限られるため、記号を用いると便利。図面には凡例を付けておくとよりわかりやすくなる

		文字記号
エアコン一般		RCまたはAC
設置方法	屋内機・床置	-F
	壁付	-W
	天井直付	-C
	屋外機床置	-OF

	文字記号
テレビ	TV
スピーカー	SP
デスクトップパソコン	PC
冷凍冷蔵庫	RF
電子レンジ	MO

	文字記号
ガスオーブン	GO
食器洗い乾燥機	DWD
IHヒーター	IH
電気洗濯機	CW
電気洗濯乾燥機	CWD

● 文字・表示記号の使用例「給水・給湯設備」

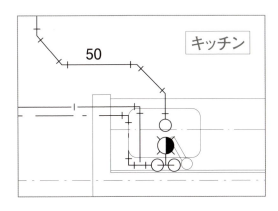

衛生設備は、上水（水道）を引き込み、それを排水する過程、および給湯設備を表現する

名称	文字記号	表示記号
給水メーター	WM	(WM)
ガスメーター	GM	(GM)
給水栓	（なし）	⌀

名称	文字記号	表示記号
湯水混合水栓	（なし）	／ ／（シャワー付）
電気温水器	EWH	(EWH)
ガス給湯器	GWH	GWH

● 文字・表示記号の使用例「電気設備」

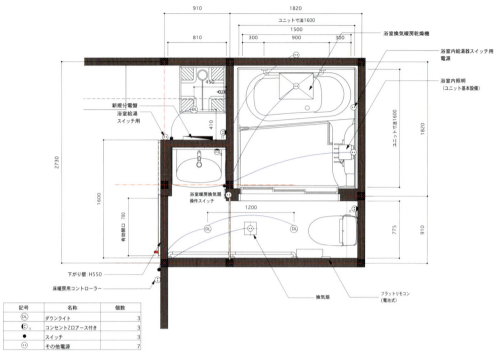

住宅の水回りの電気設備図例。天井伏図に電気設備を記入し、位置を明確にするため、設備機器をハーフトーン（薄いグレー）で表現している。図の使用例では図面の縮尺が1：20なので、換気扇は通常、記号を用いるが、詳細図では形状を記入する場合もある

名称	文字記号	表示記号
積算電力計	Wh	Wh ／ Wh
分電盤	（なし）	◣
スイッチ	（なし）	● ●3 ●P（3路スイッチ／プルスイッチ）
コンセント（壁付）	（なし）	●2 2口／●E アース付／●WP 防水形
電話用アウトレット	（なし）	● 壁付／t インターフォン（親）／t インターフォン（子）

名称	文字記号	表示記号
チャイム	（なし）	● 押ボタン（壁付）／♪ チャイム（壁付）
テレビ	TV	TV TV本体／TV TVアンテナアウトレット
換気扇	（なし）	∞
エアコン	RC	RC-W 屋内機（壁付）／RC-OF 屋外機（床置）

3-1-2

インテリアデザインの図面 1

● 文字・表示記号の使用例「照明器具・配線」

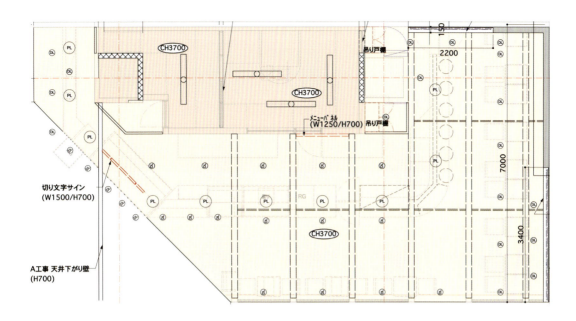

天井に設置される照明器具およびそのスイッチや配線ルートを、天井伏図上に表現する（図面提供：グローブ）

名称	文字記号	表示記号
照明一般	（なし）	○
天井埋込灯（ダウンライト）	DL	(DL)
天井直付灯（シーリングライト）	CL	(CL)
天井吊下灯（ペンダント）	PL	(PL)
シャンデリア	CH	(CH)

名称	文字記号	表示記号
壁付灯（ブラケット）	BL	(BL)
スタンド　テーブルスタンド	TS	(TS)
スタンド　フロアスタンド	FS	(FS)
引掛シーリング	（なし）	( )

3-1-2

| 参考資料 | **インテリア製図通則** | インテリア製図の統一したルール制定のため、日本インテリア学会が作成した「インテリア製図通則」。インテリアデザインの製図では、この通則に基づいて各種図面を作成すること。 |

インテリア製図通則

1.適用範囲

この規格は、インテリア空間またはそれを構成する部品・部材・エレメントの企画、調査、計画、設計、製作、施工、維持管理などのインテリア製図に関して、共通、かつ、基本的事項について規定する。

2.引用規格

次に掲げる規格は、この規格に引用されることによって、この規格の一部を構成する。これらの引用規格は、その最新版（追補を含む。）を適用する。

JIS Z 8311	製図－製図用紙のサイズ及び図面の様式
JIS Z 8312	製図－表示の一般原則－線の基本原則
JIS Z 8313-0	製図－文字－第0部：通則
JIS Z 8313-1	製図－文字－第1部：ローマ字，数字及び記号
JIS Z 8313-2	製図－文字－第2部：ギリシャ文字
JIS Z 8313-5	製図－文字－第5部：CAD用文字，数字及び記号
JIS Z 8313-10	製図－文字－第10部：平仮名，片仮名及び漢字
JIS Z 8314	製図－尺度
JIS Z 8317	製図－寸法記入方法－一般原則，定義，記入方法及び特殊な指示方法

3.図面

3.1 図面は、JIS Z 8311 によるほか、次による。

3.2 用紙のサイズは、JI S Z8311 に規定されるA列サイズ（第1優先）表1から選ぶ。

表1 用紙のサイズ

呼び方	寸法
A1	594 × 841
A2	420 × 594
A3	297 × 420
A4	210 × 297

単位 mm

3.3 表題欄の位置は、用紙の長辺を横方向にしたX形、及び長辺を縦方向にしたY形のいずれにおいても、図を描く領域内の右下隅にくるようにするのがよい。

4.尺度

4.1 尺度は、JIS Z 8314 によるほか、次による。

4.2 製図に用いる推奨尺度を以下に示す。

現尺 1:1　縮尺 1:2　1:5　1:10　1:20　1:50　1:100　1:200

5.線

5.1 線の種類及び用途を表2に示し、適用例を付図1～5に示す。

5.2 通常用いる線の太さは、細線、中線、太線とする。

線の太さの比は、1：2：4である。

線の太さは、図面の種類、大きさおよび尺度に応じて、

次の寸法のいずれかにする。

0.13, 0.18, 0.25, 0.35, 0.5, 0.7 mm

5.3 線は、上記の他、JIS Z 8312 による。

6.文字

6.1 文字は、JIS Z 8313-0,1,2,5,10 によるほか、次による。

6.2 文字の大きさは、次による。

a)文字の大きさは、一般に文字の外側輪郭が収まる基準枠の高さ h の呼びによって表す。

b)高さ h の標準値は、次による。

1.8,2.5, 3.5, 5, 7, 10, 14, 20 mm

なお、活字で既に大きさが決まっているものを用いる場合には、これに近い大きさで　選ぶことが望ましい。

7.寸法記入方法

7.1 寸法記入方法は、JIS Z 8317 によるほか、次による。

7.2 長さの寸法数値は、通常はミリメートルの単位で記入し、単位記号は付けない。

8.作図一般

8.1 図中に使用する文字記号は、付表1による。

付表1　文字記号

8.2 図中に使用する表示記号は、付表2による。

付表2　表示記号

8.3 作図例を付図に示す。

表2　線の種類及び用途

線の種類		用途による名称	線の用途
実線	太線	外形線	対象物の見える部分の形状を表す
			断面図に現れる物体の見える外形線を表す
	中線	外形線	家具等の外形線を表す
	細線	稜線	家具等の稜線を表す
		寸法線	寸法を記入するのに用いる
		寸法補助線	寸法を記入するために図形から引き出すのに用いる
		引出線	記述・記号などを示すために引き出すのに用いる
		ハッチング	断面図の切り口を示す
		矢印線	階段、斜路及び傾斜領域を表す矢印線
		対角線	開口、穴及びくぼみを表すために用いる
破線	細線	隠れ線	隠れた部分の外形線
一点鎖線	中線	外形線	カーテン、ブラインド、カーペット等
	細線	切断線	断面図を描く場合、その切断位置を対応する図に示す
		中心線	図形の中心を表す
		基準線	位置決定のよりどころである事を明示する
		扉の開く向きを示す線	扉の開く向きなどを参考に示す
二点鎖線	細線	想像線	加工前の形状や可動部分の位置を示す
ジグザグ線	細線	破断線	対象物の一部を破った境界、又は一部を取り去った境界を示す

158　| 超図解で全部わかる　インテリアデザイン入門　［新装改訂版］

【線の適用例】
1.壁

図1 壁

壁の仕上線を太く描きインテリア空間を強調表現する。インテリア製図通則適応例は縮尺1/50を基準とする。壁表現は縮尺に対応させ、必要に応じて躯体壁と間仕切壁の表現を変えることもある。開口部には、額縁、サッシ枠縮、建具枠があるが、縮尺により表現が変わる。

2.開口部

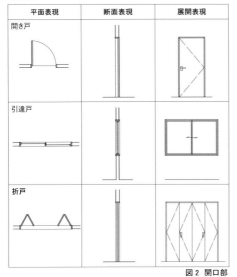

図2 開口部

平面・展開で開閉方向を、展開・断面で建具の高さを表示する。扉の取手、引手で開閉方向がわかる場合は、開き勝手の表示(一点鎖線)は省略できる。

3.家具

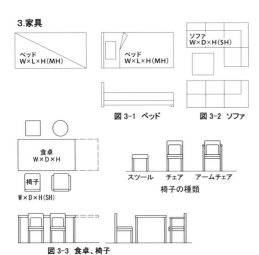

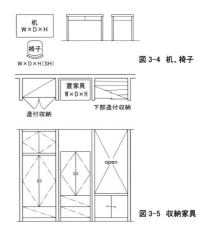

図3-4 机、椅子

図3-5 収納家具

家具図は寸法 W(幅)×D(奥行)×H(高さ)、椅子は SH(座面高)、ベッドは L(長さ)、マットレス高さを記入する。
椅子はテーブルから引出した状態で描く。伸長式家具は、最大形状・寸法を破線で表示する。造付収納家具は取手、開閉方向を表示する。

4.設備機器

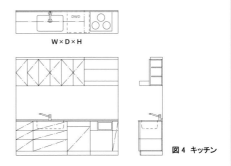

図4 キッチン

厨房機器は、開閉方向、寸法 W(幅)×D(奥行)×H(全体高さ・カウンター高さ)、シンク・加熱機器の位置、水洗金具、吊戸棚等を描く。平面図にはカウンターより上に位置する吊戸棚は一点鎖線で表示する。正面図には開閉方法や方向を一点鎖線で示す。側面図は外観または断面を描く。

5.家電機器

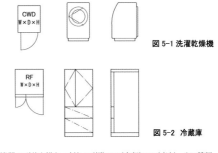

図5-1 洗濯乾燥機

図5-2 冷蔵庫

家電機器の形状を描き、寸法 W(幅)×D(奥行)×H(高さ)、その種類を英語記号または文字を書き込み、開閉方向を表示する。

【付表1 文字記号】

1. カーペット

付表 1-1 カーペット

名　称		略号
カーペット 一般		CA
種別	ウィルトン	Wc
	タフテッド	Tc
	ニードルパンチ	Nc
施工法	敷込 グリッパー工法	-g
	敷込 接着工法	-a
	置敷	なし

カーペットは、略号を CA とし、一点鎖線・細線（または姿図）にて領域を表示し、種別、施工法を付表 1-1 に示す文字記号により付記する。また、材質を示す場合は、一般名称で併記する。

カーペットの表示例

名称：　　種別 ・ 施工法
カーペット：ウィルトン-グリッパー工法-敷詰

2. 窓装飾（ウインドートリートメント）

付表 1-2 窓装飾（ウインドートリートメント）

名　称			文字記号
水平開閉	カーテン 一般		CU
	種別	ドレープ	Dr
		シアー	Sh
	施工法（スタイル）	ストレート	なし
		センタークロス	cc
		クロスオーバー	cr
		ハイギャザー	hg
		スカラップ	sk
		セパレート	sp
	バーチカルブラインド		VB
	パネルスクリーン		PS
垂直開閉	ローマンシェード		RM
	施工法（スタイル）	プレーン	pl
		シャープ	sh
		バルーン	bl
		オーストリアン	as
		ムース	ms
		ピーコック	pc
		プレーリー	pr
	ロールスクリーン		RS
	プリーツスクリーン		PL
	ベネシャンブラインド		VN
固定	カフェ（カーテン）		Cf

注：カーテンボックス設置の場合は末尾に・B で表示する。

ウインドートリートメントは、一点鎖線（または細実線の波線）にて表示し、種別は文字記号により示す。カーテン、ローマンシェードは、その施工法（スタイル）を文字記号により付記する。

カーテンの表示例

　　　　　　　CU　　　カーテン一般

　　CU(Dr+Sh-cc)・B　　ダブルカーテン

名称　施工法（スタイル-ボックス有無）
内側　ドレープ-ストレート-ボックス有
外側　シアー-センタークロス

　　CU(Dr-cr)+RM-pc・B

名称　施工法（スタイル-ボックス有無）
内側　カーテンドレープ-クロスオーバー-ボックス有
外側　ローマンシェード-ピーコック

3. 塗装

付表 1-3 塗装

名　称	文字記号	規　格
合成樹脂調合ペイント	SOP	JIS K 5516
フタル酸樹脂エナメル	FE	JIS K 5572
塩化ビニル樹脂エナメル	VE	JIS K 5582
クリアラッカー	LC	JIS K 5531
エナメルラッカー	LE	JIS K 5531
合成樹脂エマルションペイント	EP	JIS K 5663
つや有合成樹脂エマルションペイント	EP-G	JIS K 5660
多彩模様塗料	EP-M	JIS K 5667
オイルステイン	OS	
木材保護塗料	WP	

塗装は文字記号により略号で表示し、色彩を示す場合は、マンセル表色系記号または色票等により指示する。

4. 家電機器

付表 1-4 家電機器

名　称		文字記号
エアコン一般		RC または AC
設置方法	屋内機・床置	-F
	・壁付	-W
	・天井直付	-C
	・屋外機床置	-OF
テレビ		TV
スピーカー		SP
デスクトップパソコン		PC
冷凍冷蔵庫		RF
電子レンジ		MO
ガスオーブン		GO
食器洗い乾燥機		DWD
IH ヒーター		IH
電気洗濯機		CW
電気洗濯乾燥機		CWD

【付表2　表示記号】

1．給水・給湯設備等

付表 2−1　給水・給湯設備等

名　称	文字記号	表示記号
給水メーター	WM	(WM)
ガスメーター	GM	(GM)
給水栓		
湯水混合水栓		（シャワー付）
電気温水器	EWH	(EWH)
ガス給湯器	GWH	GWH

2．電気設備

付表 2−2　電気設備（JISC0303）

名　称	文字記号	表示記号
積算電力計	Wh	Wh
分電盤		
スイッチ		3路スイッチ　プルスイッチ
コンセント（壁付）		2口　アース付　防水形
電話用アウトレット		壁付　インターフォン（親）　インターフォン（子）
チャイム		押ボタン（壁付）　チャイム（壁付）
テレビ	TV	TV本体　TVアンテナアウトレット
換気扇		
エアコン	RCまたはAC	RC-W　RC-OF　屋内機（壁付）　屋外機（床置）

3．照明・配線

付表 2−3　照明・配線記号（JISC0303）

名　称	略　号	表示記号
照明一般		
天井埋込灯（ダウンライト）	DL	(DL)
天井直付灯（シーリングライト）	CL	(CL)
天井吊下灯（ペンダントライト）	PL	(PL)
シャンデリア	CH	(CH)
壁付灯（ブラケットライト）	BL	(BL)
スタンド　テーブルスタンド	TS	(TS)
スタンド　フロアスタンド	FS	(FS)
引掛シーリング		( )

161

Chapter 3

2　インテリアデザインのパース

建築設計やインテリアデザインで用いられるパース（透視図。パースペクティブの略）は、2次元の平面に3次元の空間や建築物などを立体的に表現する技法です。見る人に建築物やインテリアを視覚的にわかりやすく伝えるためのもので、完成予想図やイメージ図として使われる重要な表現手法です。

3-2-1 パースとは何か

デジタルパースと手描きパース

3DCADで作成したデジタルパース（上）と、サインペンによるスケッチ（手描き）パース（下）。現在ではデジタルパースが一般的だが、計画の初期段階では、イメージや雰囲気を伝えることが重要なので、スケッチパースが好まれることもある（画像提供：ノード）

　パースは、図面を基にした立体的なイメージスケッチといえます。従来は水彩絵具などを使った手描きパースが普通でしたが、最近では、3DCADや3DCGといったソフトウェアを使用してコンピュータで作成するデジタルパースが一般的になっています。

　デジタルパースは写真のようなリアルな表現が可能ですが、場合によっては手描きや手描き風のスケッチパースのほうが好ましい場合もあります。なお、デジタルパースでも、ソフトによっては手描き風パースを作成できます。

　3DCADや3DCGでパースを作成する場合、手描きとは異なり、1つの3Dデータからさまざまなアングル（構図）のパースの作成も可能です。

　また、同じインテリアを使って、色や材質、日時などを変えた複数のパターンを簡単に作れるため、デザインの方向性やイメージの細かい検討も可能です。

さまざまなアングルのパース

3DCADや3DCGを使うと、1つのデータから複数アングルのパースを簡単に作成できる。こうした複数アングルのパースは図のようなプレゼンボード（P.168）作成の際に有効

パースを使ったインテリアの比較例

同じインテリアの昼間（左）と夜（右）の様子を表現したパース。3DCADや3DCGで設定を変更すれば、複数のパターンを簡単に作成できるため、デザインの比較や検討、図面や文章では難しいイメージの共有が効率よく行える（画像提供：グローブ）

3-2-2 パースの種類

パースは、立体の建築物やインテリアを平面に表現するため、自然な3次元に見える図法を用いる必要があります。パースにはこうした図法の違いにより「透視図」「アイソメ図」などの種類があります。

透視図には平行な線が収束する消点の数により、「1消点（平行投影）」「2消点（透視投影）」「3消点」という3つの種類があります。

1消点と2消点は、床・壁・天井からなるインテリア空間の主要な構成を、特定の視点から表現します。この手法では、実際のインテリア空間で垂直に立つ柱をパースでも垂直に表現し、視線（視点と見る対象を結ぶ線）を水平に設定します。ただし「吹抜け」など、見上げたり見下ろしたりする空間では視線が水平にならないため、例外的に「3消点」を用います。

同じ透視図でも視点が天井より高い場合、ほかと区別して「鳥瞰図（ちょうかんず）」と呼ぶことがあります。これは部屋がつながった状態や空間全体のイメージを表現する際に用いられます。

「アイソメ図」は、「軸測投影法」という図法の1つで、実際の空間の直角を120°で表示します。遠近感はありませんが、透視図とは異なり、パース上で寸法を確認できる利点があります。

透視図

● 1消点パース（平行投影）

視線は水平　　柱は垂直

1消点パース（平行投影）は、主要な壁面に対して垂直な方向から見た様子を表現する

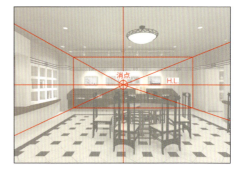

● 2消点パース（透視投影）

2消点パース（透視投影）は、主要な壁面に対して斜めから見た様子を表現する。消点の位置によっては、室内の3つの壁面を表現できる（画像提供：ノード）

● 3消点パース

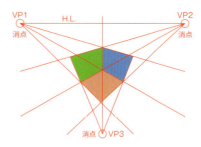

3消点は、インテリアデザインではあまり用いられない。ただし、吹抜け空間の見上げや見下げ、鳥瞰図などで例外的に用いられる（画像提供：ノード）

鳥瞰図

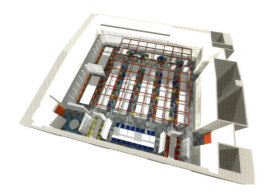

空間を天井より高い視点で見た様子を表現する。複数の空間がつながっている場合や、大規模空間などの全体を表現する際に適している

アイソメ図

空間や建具、設備、家具などの大きさの関係性を把握するのに適している。空間の手前にある壁などは透過状態で表現することもある

3-2-3 パースの構図と添景表現

3面構図パース

ダイナミックな表現をする際に適した「3面構図」パース。2消点の透視図を用い、アイレベルを中央よりやや高めに設定している

パースを作成するポイントはいくつかありますが、特に重要なのが「構図」です。

たとえば、メインとなるダイナミックな印象のパースを作成したい場合は、インテリア空間の正面と両サイドの壁を見せる「3面構図」を用います。このとき、1消点（平行投影）ではやや堅い表現になるのに対し、2消点（透視投影）では変化のある表現になります。

また、視線の高さ（アイレベル）は、画面中央は避けます。床や家具のレイアウトを見せたい場合は天井高さの2/3に、天井を見せたい場合や安定した印象にしたい場合は天井高さの1/3の位置にします。

このように、構図によってパースの表現の幅が広がります。

パースの表現力を上げるもう1つの要素が、「添景表現」です。

添景は、スケール感の表現をはじめ、遠近感の強調、空間表現だけではわかりにくい部分の説明、イメージの強調といった効果があります。

添景を使用する際には、配置する位置や大きさ、形状などいくつかのポイントがあります。いずれの場合も、あくまでもインテリア空間が主役であることを念頭に置いておきましょう。

添景によるさまざまな表現

● スケール感の表現

添景人物を配置することによって、人のサイズから相対的に、什器の高さ、天井の高さ、空間の広がりなどを推測できる（画像提供：ノード）

● 遠近感の表現

手前の添景サイズを大きくし、奥になるにしたがって添景サイズを小さくすることで遠近感を表現したパース（画像提供：ノード）

● 詳細な説明の表現

添景人物を加えることによって、その空間がどのように使われるかを説明する（画像提供：ノード）

添景使用のポイント

● 添景人物の視線高さ

アイレベルを揃える

アイレベル（添景人物の視線の高さ）を通常の人の目の高さ（1.5m程度）に設定すると、遠近感に関係なく立っている人の頭部が同じ高さに揃う。これにより自然な空間表現ができる。
添景として人物を配置する場合、彩度を落としたり白っぽくぼかしたりしてあまり目立たせないようにするのがポイント（画像提供：ノード）

● 添景配置による遠近感強調

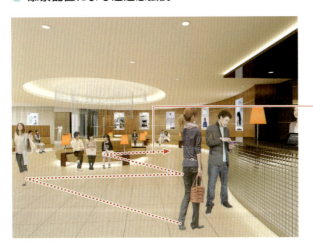

ジグザグに配置

添景をジグザグに配置すると、より遠近感が強調できる。また、画面の四隅には、ゆがみが目立つ立方体状の添景の配置は避けるようにする（画像提供：ノード）

Chapter 3

3 プレゼンボード

インテリアデザインを行うさまざまな過程で、クライアントにデザインの方向性やイメージ、インテリアの具体的な内容をプレゼンテーションします。その際に使われるのが、パースや写真、素材サンプルなどをレイアウトして視覚的にわかりやすく伝える「プレゼンボード」です。

3-3-1 プレゼンボードの目的と種類

インテリアデザインでは、プランの段階に沿ってさまざまな種類のプレゼンボードを用います。最初の段階では、大まかなイメージやコンセプトを伝える「コンセプトボード」や「イメージボード」が使われます。プランが進むにつれ、インテリアの色や素材を説明する「カラースキームボード」や、ウインドートリートメントや照明器具を説明する「エレメントボード」など、より具体的な内容のプレゼンボードを作成します。

プレゼンボードのサイズは、印刷する場合はA4、展示用ボードではA1、A2サイズが一般的です。

従来は、パースや写真などを切ったり貼ったりして板や厚紙などのボードにレイアウトしていましたが、最近ではデジタルパースやデジタル写真などをコンピュータ上でレイアウトしてプリンタなどで印刷したものをプレゼンボードとして使用することが一般的になっています。

さまざまなプレゼンボード

● コンセプトボード

インテリアデザインの初期段階で作成する。インテリアのテーマや方向性、狙いを表現する。具体的には、誰を対象とし、何をするか、どのような利点や効果があるかといった点を簡潔な文章も交えて説明する

● イメージボード

クライアントとインテリアイメージを共有するために初期段階で作成する。既製の写真やイラスト、言葉（キーワード）といった素材をレイアウトする

● カラースキームボード

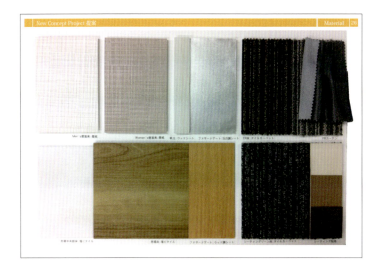

インテリアデザインの実施設計段階に作成する。インテリア各部位の仕上げ素材や色を実物サンプルを使って部屋ごとにまとめ、クライアントに全体的な仕上がりイメージを伝えるためのもの。実物サンプルを使うので、コンピュータではなく手作業で作る

● エレメントボード

インテリアデザインの実施設計段階に作成する。ウインドートリートメントや照明器具、設備機器、家具などをエレメントごとにまとめる。エレメントの製造メーカーの製品写真などを使い、寸法や色、品番などを記載する

3-3-2 プレゼンボード制作の基本

プレゼンボードは、クライアントにインテリアの全体的なイメージをはじめ、インテリアの細かい具体的な内容をわかりやすく伝え、理解してもらうことが重要です。そのために、「イメージの統一」「グリッド」「文字」「余白とバランス」「説明方法」など基本的な制作のポイントを押さえておきましょう。

インテリアデザインでは、複数のプレゼンボードを作成することがよくあります。複数のボードで表現内容が異なっていても、全体のコンセプトや各ボードの色、書体、デザインを統一します。

パースや写真、説明文などは、ボード上に「グリッド」（マス目）を想定し、それに沿って整然と配置します。

説明文やボードのタイトルなどに使う文字は、インテリアデザインのイメージに合うような書体（フォント）を使います。

また、1枚のボードには画像や文字を詰め込みすぎないようにし、適度に余白を設けます。

プレゼンボードの役割である「クライアントにインテリアデザインをわかりやすく伝える」ことを常に念頭に置いて制作しましょう。

プレゼンボード制作の基本的なポイント

イメージの統一
例では、インテリアの色が茶色や白系で、自然素材を用いていることから、プレゼンボードにも茶色や自然をイメージするモチーフを使い全体のイメージを統一している

文字
文字の書体（フォント）はなるべく同じテイストのものを使用し、サイズが適切かを確認する

余白
画像や文字を詰め込まず、ある程度の余白を作る。適度な余白は情報を読み取りやすくする

グリッドを基本としたレイアウト
画面にグリッドを想定し、これを基本として画像や文字を配置する。画像のサイズや辺の位置を揃えることで、整然とした画面構成が生まれる

● **インテリアイメージに合わせた ボードの書体の例**

和風のインテリアプランなので、ボードに和風の書体を使用して全体のイメージを統一した例

● **余白を効果的に使用した例**

白を基調としたインテリアに合わせて余白を大きく取った例。使用する画像サイズにもメリハリを付けている

● **わかりやすい説明方法**

複数のパースを使用する場合、全体のイメージを表現したパースと、細部の機能を説明するパースとを使い分けてレイアウトする。その際、必ずパースの下部などにパースの説明を記載する

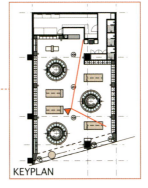

インテリアの部分を表現したパースを使用する際、そのパースが全体のどの部分をどの視点から見たものかを説明するため、キープラン（インテリアが全体のどこに位置するかを示す簡略化した平面図）を添える。キープランには、部分パースの位置や視点を矢印などで示すとよりわかりやすくなる（画像提供：ノード）

Chapter 3

4　デジタルツール

昨今のデジタル機器やIT技術の進歩は目覚ましく、仕事や勉強をはじめ、私たちの普段の生活に欠かせないものとなっています。インテリアデザインにおいてもコンピュータやCAD（Computer Aided design）、CGソフトウェアなど、業務を行う上で欠かせないさまざまなデジタルツールがあります。

3-4-1 インテリアデザインで用いられるデジタルツール

現在、インテリアデザインではさまざまなデジタルツールを使います。なかでもコンピュータ上でインテリアデザインや設計を行う「CAD（Computer Aided Design）ソフト」や「CG（Computer Graphics）ソフト」は欠かせません。

インテリアデザインで使用されるCADソフトには、2次元平面の設計を行う「2次元CAD（2DCAD）」や、2次元平面の設計機能と3次元のプレゼンテーション機能を備えた「3次元CAD（3DCAD）」があります。最近では、3次元モデルで環境シミュレーションやファシリティマネジメントが行える「BIM（Building Information Modeling）ソフト」も使われています。

CGソフトには、写真画像を加工したり、イラストを作成したりできる「2次元CG（2DCG）」や、立体のモデリングやパースの作成が行える「3次元CG（3DCG）」があります。

CADやCGなどインテリアデザ

CADソフトの種類

2次元CAD

2次元図面の作成に使用する。従来、手書きで行っていた製図をコンピュータ上で行えるソフト。主なソフトに「Vectorworks」「AutoCAD」「Jw_cad」などがある

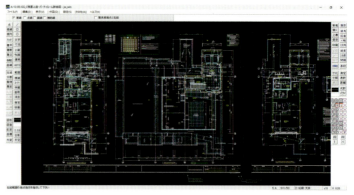

Jw_cadの操作画面

3次元CAD

2次元図面の作成のほか、3次元モデルを作成し、プレゼンテーションなどが行えるCAD。ソフトによっては3次元CGやプレゼンボード、アニメーション作成機能を持つものもある。主なソフトに「Vectorworks」「AutoCAD」などがある

Vectorworksの操作画面

インの基本的なデジタルツールのほかに、間取りの検討などを行う住宅系シミュレーションソフトをはじめ、人の動きや熱、風などの動き、照明器具の配置や明るさなどをコンピュータ上で検討するシミュレーションソフトがあります。

ソフト以外では、デジタルカメラやスマートフォン、デジタルタブレットなど、インテリアデザインの業務を効率化してくれるツールがあります。こうしたツールの機能を理解し、業務に取り入れていくことも重要です。

技術の発展に伴って、立体を作成できる「3Dプリンタ」をはじめ、「全天球カメラ」「VR（Virtual Reality）」といった新たなデジタルツールが開発されています。こうした最新技術の動向を知っておくことも必要といえます。

BIM

3次元CADが発展した3次元設計ツールで、モデルに属性を持たせ、2次元図面や寸法、材料の種類や数量などのデータを取り出せる。取り出したデータは設計スケジュール作成やシミュレーション、監理などに活用することで、業務全体の効率化を図れる。主なソフトに、「ARCHICAD」「Autodesk Revit」「Vectorworks」などがある

ARCHICADの操作画面

CGソフトの種類

2次元CG

デジタル画像の加工やイラストの作成などに使用する。図やテキストをレイアウトしてプレゼンボードの作成も行える。主なソフトに「Adobe Illustrator」や「Adobe Photoshop」、オープンソースで開発されている画像編集ソフト「GIMP」や、オンラインで画像や動画を作成・編集できるグラフィックデザインツール「CANVA」などがある

Adobe Illustratorの操作画面

3次元CG

自由な形状の3次元モデルやパースの作成が行える。「フォトリアリスティック（写実的）」なものをはじめ、手描きスケッチ風のものなど、さまざまな表現のパースが作成可能。ソフトによっては、アニメーションや立体視（ステレオグラム）モデルが作成できるものもある。主なソフトに「Autodesk 3ds max」「SketchUp」「Shade」「Rhinoceros」などがある

Autodesk 3ds maxの操作画面

3-4-1

シミュレーションソフトの種類

住宅シミュレーション

平面図や立体モデルを配置して間取りなどの検討やパースの作成を行う。詳細な図面は作成できないが操作が簡単。インテリアに特化したものもある。主なソフトに「3Dマイホームデザイナー」「インテリアデザイナー Neo」などがある

インテリアデザイナーNeoの操作画面

解析シミュレーション

建築物内の照明の明るさや、温度分布、通風、採光などをシミュレーションする。BIMから取り出したデータを読み込んで使用するのが一般的。主なソフトに「DIALux」（照明シミュレーション）などがある

DIALuxの操作画面（画像提供：遠藤照明）

さまざまな最新デジタルツール

3Dプリンタ

コンピュータのデータを読み込んで、石膏や樹脂などを素材にした実物模型を作成する。個人でも購入できる安価なものは、高価なものと比較して精密さに欠けるが、家具やインテリアエレメントなどの簡易的な模型を作成できる

3Dプリンタで作成した住宅模型
（画像提供：アイジェット）

全天球カメラ

本体の前後にレンズを持ち、撮影者を中心に周囲360°全体を一度に撮影できるカメラ。たとえば、自分がいる環境に、色や素材がどのような割合で分布しているかを分析する際などに使用できる

全天球カメラ「THETA」で撮影した360°のパノラマ写真

VR

VR（Virtual Reality、仮想現実）は、コンピュータ上で作成した空間モデルを、専用ツールを装着した人間の周囲に仮想的に作り出せるシステム。通常、大規模な装置とコンピュータが必要とされるが、コンピュータゲーム用に開発された「Meta Quest」は、パソコンと専用のゴーグル状装置だけで仮想空間を体験できる。全天球カメラなどとの連携も可能で、さまざまな分野での利用が期待されている

プロジェクションマッピング

平面などの単純な形状をした建築物の壁や道路、空間などに、画像や映像を投影して仮想的な空間を構築するシステム。躯体のみの空間や壁に、内装や外装のインテリアイメージを投影して、視覚的にイメージを伝えるといった使い方が可能

Chapter 4

インテリアデザインを
体験してみよう

これまでに学んだことを踏まえて、イ
ンテリアデザインの業務をシミュ
レーションで体験してみましょう。ク
ライアントの依頼の整理から、ヒアリ
ング、プランニングを経て、プレゼン
テーションに至るまでの課題に取り
組むことで、普段、インテリアデザイ
ナーがどのようなプロセスで考え、
デザインをしているかを体験してくだ
さい。

Chapter 4

1 シミュレーションを始める前に

シミュレーションを始める前に、シミュレーションで行うことと大まかな流れ、課題について理解しておきましょう。

4-1-1 インテリアデザインで用いられるデジタルツール

インテリアデザインの業務はChapter1でも解説したとおり、クライアントから依頼を受けた後、ヒアリング、コンセプトメイキング、プランニングを経て、プレゼンテーションを行い、さらに、基本設計、実施設計、設計監理と続きます。

本章では、このうちのヒアリングからプレゼンテーションまでをシミュレーションします。

それぞれの業務には目的があり、プロジェクトの規模にかかわらず、デザインを実現するために欠かせないものです。ここで、各業務の内容とポイントを改めて確認しておきましょう。

シミュレーションの内容と流れ

業務の種類	目的	内容
 ヒアリング	課題を見つける	■クライアントの要望を聞くことで条件を洗い出し、整理する ■立地や建物の条件などの情報をリサーチし、分析する ■予算やスケジュールを把握する
↓		
 コンセプトメイキング	デザインのテーマを決める	■デザインの方向性を決め、コンセプトを作る ■アイデアやイメージをビジュアルやキーワードにまとめる
 プランニング	具体化する	■コンセプトをもとにファサード、フロア、照明などのプランを作る ■デザインやコーディネートを実現できる「形」にする
 プレゼンテーション	提案する	■企画書やプレゼンボードなどのプレゼンテーション資料を用いて、クライアントにわかりやすく説明する

4-1-2 シミュレーションの課題

インテリアデザインの業務は、クライアントからの依頼で始まります。何を、どこで、どうしたいのかといったクライアントの要望や依頼内容をきちんと把握し、整理した上でインテリアデザインを進めます。

シミュレーションでは、クライアントのA社から「ショールームのインテリアデザイン」を依頼された、という想定で進めます。依頼内容を把握・整理して、以降のヒアリングやコンセプトメイキング、プランニング、プレゼンテーションを進めてください。

クライアントA社からの依頼内容（課題）

今回、インテリアデザインをお願いしたいのは「**ショールーム**」です。**ファサード（入口）**とショールーム内の空間のデザインをお願いします。

展示するのは「**ミッドセンチュリー**」をテーマに集めた**家具**や**関連小物**です。ショールームなので販売業務は行いません。**メッセージ性**があって、**個性的**な空間にしてほしいです。

テーマに沿って商品が**展示できる空間**で、実際に商品に**触れられる**コーナーと椅子や家具の**コーディネート提案**ができるコーナーを設けてほしいです。

物件は**商業ビルの1階**部分で、大通りに面したところに**入口**を設置する感じがいいですね。また、**立地は自由**に提案してください。

A社の依頼内容（課題）の整理

デザイン対象	■ ショールームのファサードと室内空間
デザイン条件	■ メッセージ性があり個性的なデザイン ■ テーマに沿った展示コーナー、体験コーナー、コーディネート提案コーナーを設置
展示商品	■ ミッドセンチュリーの家具および関連小物
立地	■ 地域や場所は自由。ただし、物件は大通りに面している商業ビルの1階部分
建物要目	■ RC造。床面積：98㎡、天井高：3,000㎜

実務では、取り扱うアイテムや運営方法、ターゲットや出店地などが具体的に決まっており、それらの条件を踏まえてインテリアデザインを進める。このシミュレーションでは、それらの条件を自分で設定して行うこと

課題物件のイメージ

● 平面図

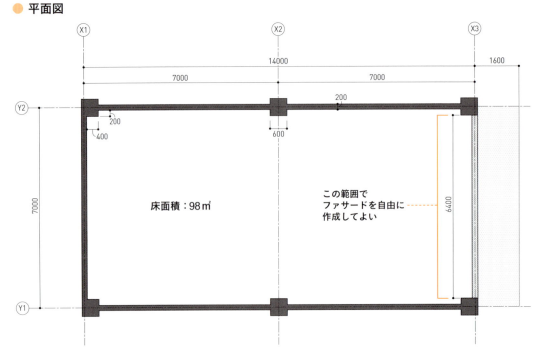

● 展開図

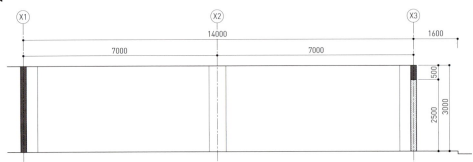

● 鳥瞰図

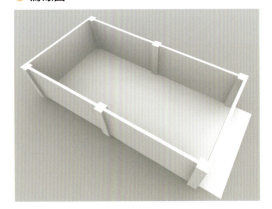

● パース

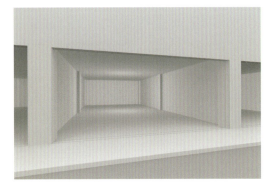

Chapter 4

2 ヒアリングとコンセプトメイキング

クライアントからの依頼が整理できたら、クライアントへ「どのようなことをヒアリングするか」を想定してみましょう。また、どのような調査が必要かを検討し、実際に調査してみましょう。

4-2-1 ヒアリングで要望や条件をより明確にする

よいデザインとは、外見の美しさだけでなく目的を果たすための機能や意味が含まれているものといえます。こうしたデザインを実現するためにも、ヒアリングや調査は欠かせません。クライアントの要望を的確に把握するために、会話を通して、より詳しい依頼内容や条件、好みなどを明らかにします。また、言葉で表しにくいものはスケッチなどでイメージを確認します。

インターネットを使えば、机上でさまざまな情報を収集できますが、立地や建物については、実際にその場所におもむくことが重要です。建物や立地を観察、調査し、特徴や雰囲気などをメモするほか、写真やスケッチなどの記録を残すことも重要です。

A社へのヒアリング項目

- ショールームの目的は？
- 商品計画は？
- ターゲットは？
- ショールームオープンまでのスケジュールは？
- A社にはどのような競合他社があるか？
- 取り扱いアイテムの選定理由は？
- ショールームデザインの予算は？
- どのようなスタイルがねらいか？または好みか？

デザイナー クライアント

クライアントへのヒアリングでは、さまざまな角度からクライアントをよく知ることが重要。これを基にプロジェクトの背景を明確にし、整理する

調査項目

展示する商品について
「ミッドセンチュリー」とはどういう特徴を持ったスタイルか？

※ 今回のシミュレーションでは、具体的な展示品は自由に選定してよい

建物について
物件の規模（広さ、天井高など）はどのくらいか？
どんな構造か？
どんな形状か？
どんな雰囲気か？

ショールームの立地について
※ 今回のシミュレーションでは立地は自由なので、
❶先に立地を決めてそこに合う商品を選定する
❷先に商品を決めてそれに合う立地を選定する
の2つの方法のいずれかで考えてよい

ヒアリングした情報や調査で集めた資料、これまでの経験など、総合的に与えられた条件をとらえ、課題やデザインテーマの要素を見つける

調査例

●立地調査の例

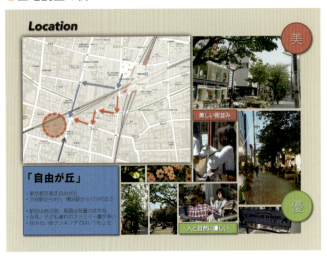

ショールームの立地としてふさわしいと思われる立地候補を複数挙げ、その立地についてイメージや文化的要素、環境、利便性などを調べてまとめる。調査から、その立地を表現するキーワードなども考えるとよい

●商品調査の例

ショールームに展示する「ミッドセンチュリー」スタイルについて調べた例。スタイルの成り立ちや特徴、有名なデザイナーや家具などについて調査した結果を、写真やイラストを交えまとめる

---

column　実際の業務でのヒアリングや調査の基本項目

クライアントの要望	住宅の場合	年代、家族構成、ライフスタイル、趣味・嗜好など
	商業施設の場合	企業概要、事業戦略、販売計画、商品計画など
	スケジュール、予算、その他の要望	
立地の特性	立地のイメージ、伝統・文化、環境、交通、利便性など	
建物の特性	構造、形状、規模、ロケーション、スケール感、雰囲気など	
その他	商業施設の場合	競合する施設や店舗、対象消費者など

実際の業務では、クライアントや立地、建物の状況によりヒアリングや調査の項目はさまざまです。一般的に、表の項目が、ヒアリングや調査で明らかにしておくべき項目です。

4-2-1

2　ヒアリングとコンセプトメイキング

4-2-2 コンセプトメイキングでデザインの方向性を具体化する

Chapter1（P.027〜）でも触れましたが、コンセプトメイキングとは、インテリアデザインの基本的な考え方や方向性を、言葉とビジュアル（写真やスケッチなど）で表現したものです。クライアントや関係者にわかりやすく伝え、デザインイメージを共有するために不可欠です。

コンセプトメイキングでは、課題に対するさまざまなアイデアを、言葉（キーワード、フレーズ、キャッチコピーなど）やスケッチ、イメージ写真などで具体化します。まずはいろいろなアイデアを出し、よりよいと思われるデザインの方向性を導き出して絞り込みましょう。続いて、その考え方をイメージする言葉やビジュアルを表現していきます。

コンセプトメイキングの例

● 例1｜世界のミッドセンチュリー

同じカテゴリーで語られることのあるミッドセンチュリーデザインと北欧デザインだが、実際は、生み出された地域にもデザインにも違いがある。ミッドセンチュリー（1950年代）に生み出された世界のデザインについて、「Intersection（交わり）」をコンセプトに、地域ごとのデザインの違いを見せる展示を提案した例

● 例2｜団塊世代とミッドセンチュリー

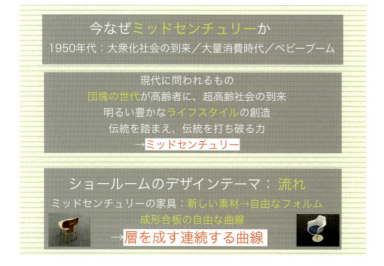

ミッドセンチュリーデザインとそれが生みだされた時代に誕生し、現在では高齢者となっている「団塊の世代」。どちらも「ひとつの時代を作った立役者」と位置付け、歴史的な背景や高齢者の新たなライフスタイルの提案を展示する例

Chapter 4

3 プランニング

コンセプトに沿って具体的なインテリアデザインを考えるのが「プランニング」です。プランニングでは、空間全体をどのように使うのか、演出するのかを具体的な「形」にします。そのためには建物の制限や関連法規、コストなどの条件を考慮する必要があります。最初に、空間の用途を大きなカテゴリーに分けて配置する「ゾーニング」から始め、さらに細かいインテリア配置の計画「フロアプラン」や「ファサード（入口）プラン」「ライティングプラン」などを進めます。

4-3-1 ゾーニングを考える

ゾーニングとは、空間を機能や用途で大きくまとめ、それらを効率的に配置することです。

ゾーニングでは、1階分の複数または1つのフロアを対象とする平面的なものと、上下階にわたる複数のフロアを対象とする垂直的なものがあります。いずれの場合でも、機能のつながりや効率などを考えて空間を分割し、配置することが重要です。

シミュレーションでは、クライアントの要望に沿って、「テーマに合わせた商品展示コーナー」「商品に触れて体験できるコーナー」「コーディネートを提案するコーナー」をゾーニングします。前節のコンセプトメイキングの違いにより、ゾーニングも変わる点に留意してください。

ゾーニング例

● 例1｜空間を2つに区切ったゾーニング

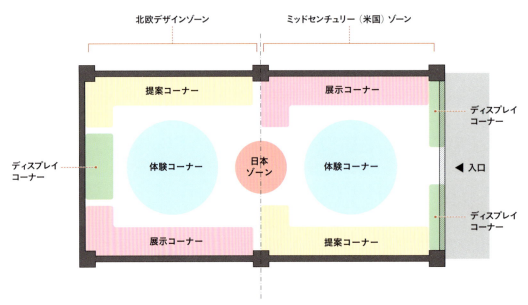

前節4-2-2のコンセプトメイキング例1に沿ったゾーニング例。空間を大きく「ミッドセンチュリーデザイン」（米国）ゾーンと「北欧デザイン」ゾーンに分け、中央に「日本」ゾーンを配置。実際の地理的な位置も考慮した構成となっている。展示物は壁面に固定し、中央には人が「交わる」ように自由に動き回れる空間を作る。ショールーム入口では米国と北欧のデザインを左右に分けてディスプレイし、ショールーム奥には両方のデザインを交互に配置することでデザインの「交わり」を表現する

●例2｜人の流れをコントロールするゾーニング

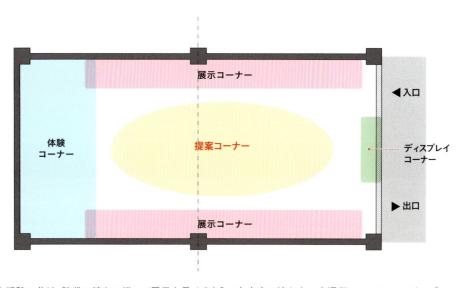

入口と出口とを明確に分け、時代の流れに沿って展示を見せるように来店客の流れを一方通行にコントロールするゾーニング。中央に大きな「島」を設けて人の流れを作り、奥は人がとどまる体験コーナーとすることで、展示を見る人と体験する人が混在しないように考慮している

4-3-2 フロアプランを考える

　ゾーニングを踏まえてフロアプランを考えます。フロアプランとは、機能を組み込んだプランのことです。展示物の見せ方に合わせた展示台のレイアウトや通路の取り方を考えます。通路幅や展示台の大きさ、動作寸法など機能的に必要な寸法を把握した上でレイアウトします。このとき、平面上の寸法だけではなく、空間の見通しや、人の目にどのように見えるか、目を引くかなど、立体的にとらえながら計画することが大切です。また、機能性だけでなく、展示をより楽しく、美しく見せるための演出も併せて考えてデザインします。

立体的な空間をイメージしながらプランを考える

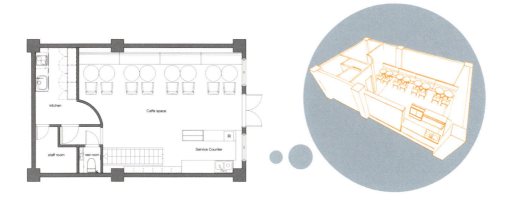

平面でレイアウトしていても、立体的な空間イメージを念頭に置きながらプランを組み立てることが重要

フロアプラン例

● 例1｜壁面と中央に展示を配置したレイアウトフロアプラン

- ライフスタイルをイメージした家具や小物のコーディネート提案スペース
- 日本でも活躍した柳宗理やイサムノグチの家具を、米国と北欧に「交わる」ように中央に配置
- 米国と北欧のデザイナーの家具を左右に分けて展示。家具は年代順に正面と側面を展示し、棚の上下で色や素材の違いを見せる
- イームズ（米国）のファイバーグラスシェルサイドチェアを展示
- 入口と同じものをここに展示。入口とは異なり、米国と北欧の椅子を交互に並べ「交わり」を表現
- 家具に触れ、椅子に座る体験コーナー。それぞれ内向き、外向きで円周状に配置され、通路の人と体験コーナーの人とが「交わる」
- アルネ・ヤコブセン（北欧）のアントチェア（素材：木）を展示

米国のミッドセンチュリーデザインと北欧、日本のデザインを「交わり」をコンセプトに空間にレイアウト。入口のディスプレイでは米国と北欧のデザインが左右に分かれているが、フロアの奥に進むにつれ次第に「交わる」。見るだけの展示物は壁面に配置し、上下方向にデザインや色、素材の違いを見せる。体験コーナーやコーディネートの提案コーナーは定期的にテーマを変える

● 例2｜壁面側に展示をまとめたレイアウトのフロアプラン

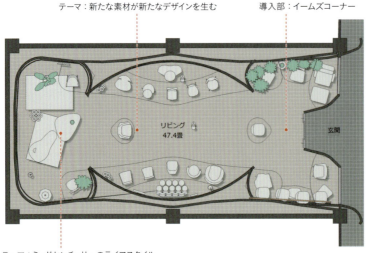

- テーマ：新たな素材が新たなデザインを生む
- 導入部：イームズコーナー
- テーマ：ミッドセンチュリーのライフスタイル

全体をテーマ別に3つのゾーンに分け、流れるような壁面でつなげる。導入部はイームズの作品を展示。中央のコーナーは新しい材料から生まれた新しいデザインの例を紹介し、一番奥のコーナーは、ミッドセンチュリーの家具を使ったライフスタイルの提案を行う

4-3-3 ライティングプランを考える

ライティングプランとは「あかり」によって空間を演出する照明計画です。明るさを確保するための機能的な照明と演出効果を高める照明があります。ショールームでは、展示物が影にならず細部までよく見えるように十分な照度があり、また美しく見える演出が必要です。

展示物が入れ替わっても照明の当て方を自由に調整できる器具や、展示テーマやに合わせて空間全体の照度を調整できる器具を選ぶといったように、空間の使用目的に合わせて計画します。

照明器具を選択する際には、装飾的な目的を持った、来店客の目に触れるものと、照度を確保することを目的とした来店客に存在を意識させないものの2種類に分けて検討します。

ライティングプラン例

例1｜フレキシブルな照明プラン

ダウンライト（DL）はユニバーサルタイプ（光の向きを変更できる）を採用

天井間接照明は中央部をパンチングメタルとし、木漏れ日のような光を演出

展示棚には配線ダクトとスポットライト。棚下照明も設置

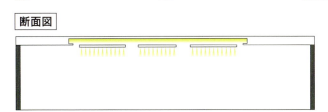

断面図

中央に設置した間接光の柔らかな光が空間全体を照らし、パンチングパネルの影が木漏れ日のような光を表現。展示物が浮かび上がって見えるように、展示棚にスポットライトと棚下照明を設置する。提案コーナーの展示台とディスプレイスペースには、光の方向を変えられるユニバーサルタイプのダウンライトを配置。間接光は調光可能で、展示内容に合わせた柔軟な演出ができるプラン

例2｜照明配置プランを説明したコンセプトボード

上の照明配置プランのような照明器具の表記とその配置だけでは、照明計画の意図が伝わりにくい。そのため、コンセプトボードを用意し、照明器具の選定方法や検討事項、色温度の設定とその根拠、エリアごとの照明の考え方などをわかりやすく丁寧に説明する

4-3-4 パースを作成する

プランニングした内容を基に立体的なパースを作成します。パースは、以降のプレゼンテーションの段階で欠かせない要素で、デザイン全体のバランスを確認できるほか、空間のシミュレーションも行えます。Chapter3の「パース」(P.162～)で解説したポイントを念頭に作成してください。

パースは、全体の空間を説明する「代表パース」と細部を説明する「部分パース」に役割を分けて作成します。

代表パースは、これだけでコンセプトが表現でき、全体の空間を伝えられるアングルを慎重に選んで作成します。

部分パースは、代表パースでは表現できなかった重要な要素を個別に説明できるように作成します。

作成パース例

例1｜ファサードパース

ファサードのパースは店舗正面のデザインのみを表現するが、ファサードはインテリアと一体のため、内部のインテリアが自然に表出したような表現がよい

例2｜ショールーム内パース

上は代表パース、下は部分パースの例。代表パースは全体が伝わるように構図（アングル）を選ぶ。下は3つのコーナーのうちの1つを説明するために作成されている

Chapter 4

4　プレゼンテーション

ヒアリングをはじめ、コンセプトメイキング、プランニングで練り上げたデザインをクライアントに提案し、承認してもらうためのプレゼンテーションを行います。

4-4-1 プレゼンテーション資料を作る

Chapter3の「プレゼンボード」（P.168～）で解説しましたが、プレゼンテーション資料は、クライアントにインテリアデザインの意図がわかりやすく伝わるように作ることが最も重要です。そのため、プレゼンボードや企画書はビジュアルを見やすく配慮する必要があります。また、興味を引き、わかりやすい「話し方」も大切な要素となります。

シミュレーションでは、「コンセプト」「フロアプラン」「ライティングプラン」「ファサードデザイン」「ショールーム内パース」の5つのプレゼンボードを作成し、クライアントに5分間でプレゼンテーションをするという想定で、実際に説明してみましょう。

プレゼンテーション資料の作成例

● コンセプトボードの例

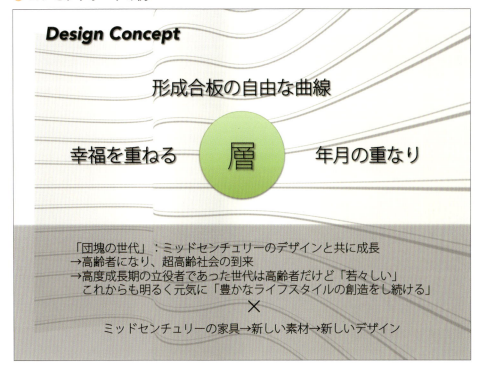

テーマであるミッドセンチュリーの時代背景から、現代のミッドセンチュリーの存在意義を考察している。またミッドセンチュリーの代表的な成形合板のイメージから、デザインテーマを導き出している

● **フロアプランボードの例**

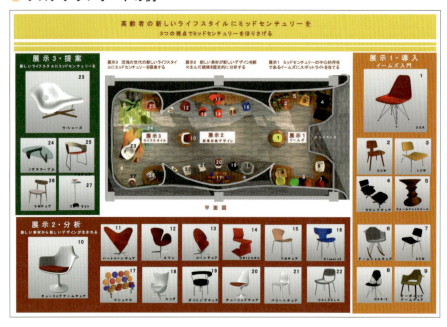

ミッドセンチュリーの特徴である自由な曲面から「流れるような空間」をデザインのテーマとしている。全体を3つのゾーンに分け、導入部のディスプレイでは、ミッドセンチュリーの代表的なデザイナー、イームズをテーマにしている。中央のコーナーのテーマは「新しい素材が新しいデザインを生む」とし、新しい材料からどのように新しいデザインが生まれたかを明らかにしている。一番奥のコーナーは、「超高齢社会のライフスタイルの提案」として、ミッドセンチュリーの家具を使ったライフスタイルの提案を行う

● **ショールーム内パースボードの例**

例ではミッドセンチュリーの家具にちなみ、イメージスタイルを「カジュアル」とし、インテリアもカジュアルを基本にまとめている。これに伴い、プレゼンボードもカジュアルな色彩で統一している。フロアプランには、どの視点から見たパースかを記入しておくとわかりやすい

さくいん

英数字

CAD	172
CG	172
FSC認証	142
GL工法	100
HIDランプ	73, 74
I型（キッチン）	48
LEDランプ	73
LEED認証	142
LGS工法（軽量鉄骨下地）	100
LVL（単板積層材）	120
L型（キッチン）	48
Pタイル（床）	112
SDGs	141
SRC造（鉄骨鉄筋コンクリート構造）	96
S造（骨構造）	96
U型（キッチン）	48
VMD（ビジュアルマーチャンダイジング）	13, 33
VR	174
WELL認証	142
3Dプリンタ	174

五十音

あ

アームチェア	39
アームレスチェア	39
アール・デコ	62
アール・ヌーボー	62
相欠接ぎ（フローリング）	109
アイソメ図（パース）	164
アクセントカラー	53
上げ下げ窓	105
アジアン（イメージ・スタイル）	58
アジャスター	44
アップサイクル（アップサイクリング）	142
網代天井	115
圧縮成形（プラスチック）	124
椅子	39
椅子（寸法）	88
板材（金属）	122
板目	118
市松張り（フローリング）	109
イメージ・スタイル	55
イメージターゲット	32
イメージボード	168
衣類（寸法）	85
色	63
色温度	75

か（色関連つづき）

色の3原色	64
色の視認性	67
色の対比	67
色見本帳	66
飲食店	15
飲食店（大きさ）	93
インダストリアル（イメージ・スタイル）	58
インテリアアクセサリー	45
インテリアエレメント	38
インテリアグリーン	45
インテリアコーディネーター	22, 23, 26
インテリアスタイリスト	22, 24
インテリア製図通則	158
インテリアデザイナー	22, 23
インテリアプランナー	25
ウインドートリートメント	51, 154
ヴィンテージ（イメージ・スタイル）	59
ヴォールト天井	101
エクステンション（テーブル）	40
エコロジカルデザイン	142
エレベーション	35
エレメントボード	169
円形天井	101
演色性	75, 76
塩ビフロアタイル（床）	112
大壁	99
置き床	98
押出成形（プラスチック）	125
オットマン	39
落とし天井	101
オフィス空間	11
親子ドア	103
折上げ天井	101
折り戸	103

か

カーテン	38, 51, 52
カーペット	38, 110
カーペットの固定方法	111
開口部	150
家具	39, 40, 151
家具金物	43
家具図	147
掛込天井	101
架構式床下地	98
加工木材	120
可視光線	63
片開き（ドア）	103
片流れ天井	101
カットタイプ（カーペット）	110
家電機器	152, 155

カフェ（カーテン）	52
壁	38, 99, 114, 150
壁構造	97, 99
壁仕上げ	114
壁下地	99
加法混色	64
框戸	104
カラースキーム（色彩計画）	53
カラースキームボード	169
ガラス	126
ガラリ戸	104
寒色系	68
間接照明	71
カントリー（イメージ・スタイル）	55
慣用色	66
監理力	30
木裏	119
木表	119
記号（図面）	153
キッチン	48
キッチンスペシャリスト	26
機能寸法	79
キャスター	44
キャッチ	44
ギャンギング（椅子）	39
給水・給湯設備	155
業種	14, 20
業態	14, 18, 19
局部（補助）照明	50, 70
距離（対人）	82
金属	122
金属加工	123
空間デザイン	10
躯体	96
口金（照明器具）	74
クラシック（イメージ・スタイル）	56
グリーン	38
グリーンデザイン	142
車いす	94
クロスオーバー（カーテン）	52
クロス仕上げ（壁）	114
蛍光灯	73, 74
化粧合板	121
建築化照明	71
建築基準法	136
建築士	25
減法混色	64
光源	73
構図（パース）	166
構造	96
合板	120
広葉樹	116
コーニス照明	71
コーブ照明	71

さくいん

さくいん

ゴールデンスペース	86
腰壁	38
ゴシック	62
腰窓	106
古民家風（イメージ・スタイル）	57
転ばし床	98
コンクリート下地（壁）	114
コンセプトボード	168, 185, 187
コンセプトメイキング	176
コンソールテーブル	40
ゴンドラ什器	47
ゴールデンスペース	80
腰壁	36
ゴシック	56
腰窓	100
転ばし床	92
コンクリート下地（壁）	108
コンセプトボード	160
コンセプトメイキング	168
コンソールテーブル	38
ゴンドラ什器	44

さ

サービス店	17
彩色	64
彩度	65
在来軸組構法	97
サイン	13
サスティナブルデザイン	141
シーリングライト	49, 69
ジャパンディ（イメージ・スタイル）	57
シェルフ	41
資格	25
直張り床	98
色彩計画（カラースキーム）	53
色相	65
色相環	65
色料	64
システム家具	41
下地処理（壁）	114
自動ドア	106
ジプトーン（天井）	115
シミュレーションソフト	174
尺モデュール	87
射出成形（プラスチック）	125
シャビーシック（イメージ・スタイル）	59
シャンデリア	50, 69
什器	47
住空間	11, 12
集成材	120
住宅設備	48
収納（寸法）	86

収納家具	41
樹脂材シート（床）	113
樹脂材タイル（床）	112
樹脂材床	112
書院造	60
商業空間	11, 12, 13
商業施設士	25
詳細図	147
消費者関連法規	140
消防法	138
照明	71
照明器具	38, 49, 157
照明デザイナー	24
照明の組み合わせ	72
ショードローイング	147
職種	22
食器（寸法）	84
食器棚	41
真壁	99
真空成形（プラスチック）	125
人体寸法	77
針葉樹	116
水平作業域	78
スイングドア	107
スカラップ（カーテン）	52
数寄屋造	61
スタッキング（椅子）	39
スチール（加工）	123
スツール	39
ステー	44
ステンレス（加工）	123
スペクトル	63
スポットライト	50, 70
図面	144
図面のサイズ	148
図面の縮尺	148
スライドドア	107
スライドレール	44
寸法	77
寸法（図面）	153
成形材（プラスチック）	124
製図ルール	148
静的人体寸法	77
石材	130
設計監理	27, 28
設備機器	152
セパレート（カーテン）	52
線（図面）	149
センタークロス（カーテン）	52
全般照明	69
洗面台	48
造作什器プラン	36
ゾーニング	33, 182
ゾーニングプラン	182
ソシオフーガル	83

ソシオペタル	83
ソファ	39

た

ダイニング（大きさ）	91
ダイニングテーブル	40
ダイニングテーブル（寸法）	89
タイル	128
タイルカーペット	111
タイル仕上げ（壁）	114
ダウンライト	50
建具	103
縦すべり出し窓	105
棚受け	43
棚ダボ	43
棚柱	43
暖色系	68
単層フローリング	108
チェスト	41
茶室	61
中空成形（プラスチック）	125
鋳造材（アルミニウム）	123
鳥瞰図（パース）	165
丁番	43
直接照明	71
陳列（寸法）	86
ツーバイフォー構法	97
提案力	30
テーブル	40, 90
テーブル（寸法）	90
テーブル（高さ）	90
テーブルスタンド	70
手描きパース	162
デジタルツール	172
デジタルパース	162
デスクスタンド	50
鉄・コンクリート構造	97
出窓	106
展開図	144
電気設備	156
添景（パース）	166
天井	38, 101
天井仕上げ	115
天井下地	101
天井伏図	146
展伸材（アルミニウム）	123
テンパードア	107
店舗コンセプト	32
天窓	105
ドア（住宅）	103
ドア（商業施設）	106
トイレ	48
同一トーン	67
同系色	67

動作空間	79	ビジュアルマーチャンダイジング		マネキン	47
動作寸法	78	（VMD）	13, 33	廻縁	38
透視図（パース）	164	ビニル系床シート	113	ミッドセンチュリー（イメージ・スタイル）	59
トーン	66	表現力	30		
塗装	134, 154	平置き什器	47	ミニマリストモダン（イメージ・スタイル）	56
塗装方法	135	平台（什器）	47		
扉	104	平天井	101	明度	65
塗料	134, 154	ファイバーボード	120	メインカラー	53
トルソー	47	ファサード（デザイン）	13	メーターモジュール	87
		ファサード計画	34	モールディング	115
		フィックス窓（はめ殺し窓）	105	木構造	118
な		フォーカルポイント	45, 46	木材	116
ナイトテーブル	40	フォールディング（椅子）	39	木材の加工	120
ナチュラル（イメージ・スタイル）	55	吹付け塗装（壁）	114	木材の変形	119
ナチュラルリゾート（イメージ・スタイル）	58	福祉住環境コーディネーター	26	文字（図面）	153
		複層フローリング	108	モジュール	77
西海岸風（イメージ・スタイル）	58	フットライト	70	モダン（イメージ・スタイル）	56
塗り壁	114	物販店	16	モデュール	87
ネスト（テーブル）	40	舟底天井	101	モデュロール	87
熱可塑性樹脂	124	ブラケット	50, 70		
熱硬化性樹脂	124	プラスターボード下地（壁）	114		
ノックダウン金物	43	プラスチック	124	**や　ら　わ**	
		プラスチック成形方法	125	床	38, 98, 108
		フラッシュ戸	104	床仕上げ	108
は		プランニング	27, 28, 182	床下地	98
パーケット	108	プリーツスクリーン	51	ユニット家具	41
パース	35, 162, 186	ブルックリン（イメージ・スタイル）		ユニバーサルデザイン	94
パースボード	188		58	様式	60
パーソナルスペース	82	プレゼンテーション	27, 32, 187	ヨーロピアンクラシック（イメージ・スタイル）	56
バーチカルブラインド	51	プレゼンテーション資料	32, 187		
パーティクルボード	120	プレゼンボード	168	横すべり出し窓	105
バイオフィリックデザイン	142	フロア構成	33	ラーメン構造	97
ハイギャザー（カーテン）	52	フロアスタンド	50, 70	ライティングプラン	34, 185
配光	75, 76	フロアプラン	34, 183	ラグ	38
配線	157	フロアプランボード	188	ラッチ	44
パイプ（金属）	122	フローリング	108	乱尺張り（フローリング）	109
掃出し窓	106	プロダクトデザイン	10	立体作業域	78
白熱灯	73	平面図	145	立面図	146
バス	48	ベースカラー	53	リビング（大きさ）	93
バタフライ（テーブル）	40	ベース照明	70	リビングテーブル	40, 92
波長（光）	63	ベッド	42	リビングボード	41
パッシブデザイン	142	ヘッドボード（ベッド）	42	りゃんこ張り（フローリング）	109
パネル構法	96	ペニンシュラ型（キッチン）	48	両開き（ドア）	103
幅木	38	ベネシャンブラインド	51	類似色	67
パブリックファニチャープラン	36	ヘリンボーン（フローリング）	109	ルーバー天井照明	71
羽目板天井	115	ペンダント（照明器具）	49, 69	ルーバー窓（ジャロジー窓）	105
バランス照明	71	棒材（金属）	122	ループタイプ（カーペット）	110
ハロゲンランプ	74	北欧（イメージ・スタイル）	57	レストルーム	36
ハンガー什器	47	本実接ぎ（フローリング）	109	ローマンシェード	51
反対色	67			ローラー塗り（壁）	114
ハンドル	44			ロールカーペット	111
ヒアリング	27, 28, 179	**ま**		ロールスクリーン	51
非架構式床下地	98	柾目	118	ロココ	62
光の3原色	64	マテリアルプラン	35	ロックウール板（天井）	115
引き戸	103	窓	105	和モダン（イメージ・スタイル）	57

著者・監修者プロフィール

Aiprah（アイプラフ）**藁谷美紀**（わらがい みき）

株式会社アイプラフ 代表取締役、インテリアコーディネーター。
商業施設のインテリアデザインの企画、監理をはじめ、住宅・店舗のリフォーム設計業務などを手掛ける。
その経験を基に設計やデザイン業務における専門分野での教育、
サポートを行う「CADデザインサービス」を展開する株式会社アイプラフを設立。
企業研修のほか、インテリアスクールや大学などで講師も務めている。
主な著書に、『Shade3D建築＆インテリア 実践モデリング講座』（技術評論社刊）、
『Vectorworksパーフェクトバイブル 2023/2022対応』（翔泳社刊）などがある。

河村容治（かわむら ようじ）

元東京都市大学 都市生活学部 教授、博士（美術）、一級建築士、日本インテリア学会名誉会員。
1950年大阪府堺市生まれ。東海大学大学院修士課程終了後、下元連、他設計事務所を経て、1993年独立。
設計活動のほか、CAD・BIMによるインテリアデザイン教育に力を注ぐ。
主な著書に『コンパクト建築設計資料集成 [インテリア] 』（共著、丸善刊）、
『インテリアコーディネーター ハンドブック 統合版』（共著、インテリア産業協会刊）、
『やさしく学ぶインテリア製図』（共著、エクスナレッジ刊）などがある。

超図解で全部わかる
インテリアデザイン入門
［新装改訂版］

2025年2月4日　初版第1刷発行

著　　　者　　Aiprah（アイプラフ）
監 修 者　　河村容治
発 行 者　　三輪浩之
発 行 所　　株式会社エクスナレッジ
　　　　　　　〒106-0032　東京都港区六本木7-2-26
　　　　　　　https://www.xknowledge.co.jp/

■問合せ先

編　集　　FAX 03-3403-0582
販　売　　TEL 03-3403-1321 ／ FAX 03-3403-1829
　　　　　info@xknowledge.co.jp

◎ 無断複製の禁止
本誌掲載記事（本文、図表、イラスト等）を当社および著作権者の承諾なしに無断で転載（翻訳、複写、データベースへの入力、インターネットでの掲載等）することを禁じます。
©2025 Aiprah,ltd